中国行业发展研究报告系列丛书

中国水利行业发展研究报告

国务院第二次全国经济普查领导小组办公室
中华人民共和国水利部发展研究中心 编著

中国统计出版社
China Statistics Press

(京)新登字041号

图书在版编目(CIP)数据

中国水利行业发展研究报告/国务院第二次全国经济普查领导小组办公室,中华人民共和国水利部发展研究中心编著.--北京:中国统计出版社,2012.2

(中国行业发展研究报告系列丛书)

ISBN 978-7-5037-6486-8

Ⅰ.①中… Ⅱ.①国… ②中… Ⅲ.①水利行业-发展-研究报告-中国 Ⅳ.①F426.9

中国版本图书馆CIP数据核字(2012)第028160号

中国水利行业发展研究报告

作　　者/国务院第二次全国经济普查领导小组办公室　中华人民共和国水利部发展研究中心
责任编辑/申明九
装帧设计/杨　超
出版发行/中国统计出版社
通信地址/北京市西城区月坛南街57号　邮政编码/100826
办公地址/北京市丰台区西三环南路甲6号
网　　址/www.stats.gov.cn/tjshujia
电　　话/邮购(010)63376907　书店(010)68783172
印　　刷/河北天普润印刷厂
经　　销/新华书店
开　　本/710×1000mm　1/16
字　　数/50千字
印　　张/3.75
版　　别/2012年3月第1版
版　　次/2012年3月第1次印刷
书　　号/ISBN 978-7-5037-6486-8/F.3109
定　　价/20.00元

编 者 说 明

第二次全国经济普查已圆满结束。通过普查，基本摸清了我国第二、三产业的规模、布局和结构，查清了第二、三产业的效益情况、技术现状和生产要素，查实了第二、三产业的能源和水资源消耗状况，查清了第二、三产业所有单位的基本情况。为了更好地开发利用已经取得的信息资源，对国民经济各行业（产业）发展状况进行研究，服务于社会各界，国务院第二次全国经济普查领导小组办公室组织相关行业（产业），对其发展现状、发展前景、行业集中度等方面进行分析研究，现在呈现在读者面前的《中国行业发展研究报告系列丛书》，是此次研究的成果，对我国经济发展方式的转变，产业结构的调整、经济发展水平的提高，将起到重要的作用。

鉴于作者水平有限，不当之处请指正。

2011 年 8 月

前言

第二次全国经济普查（以下简称二经普）是国家统计局组织开展的对我国第二、三产业全部法人单位、产业活动单位和个体经营户的统计调查，普查时点数据为2008年12月31日24时，时期数据为2008年1月1日～12月31日，调查内容主要涉及法人单位和产业活动单位的从业人员、财务、信息化、能源消耗等内容。按照进度安排，二经普工作从2007年7月开始到2010年11月结束，当前已进入数据成果开发阶段。为了更好地开发利用二经普数据信息资源，服务于社会各界，国家统计局商请各行业管理部门，利用二经普数据开展国民经济各行业（产业）发展状况研究。对我国水利行业的研究作为重点课题也纳入了其中。

当前和今后一个时期，我国正处于全面建设小康社会、社会主义现代化建设加快推进的重要时期，水利事业处在改革发展不断深入，传统水利向现代水利、可持续快转变的关键阶段，水利事业面临很多新情况、新问题，利用二经普数据，从不同层面分析水利发展情况，对于更科学、更合理地提出水利下一步改革方向，推动水利事业又好又快发展也大有裨益。

本报告系统地回顾了水利的发展历史，全面评述了水利的发展现状，详细总结了水利发展过程中的重要经验和存在的不足，并根据当前和今后一段时期的新形势、新要求对水利的发展前景行了预测。希望此报告能够为广大水利工作者和关心水利发展的社会各界人士提供参考。

由于研究人员水平有限，报告中难免存在一些错误和不妥之处，一些更深层次的研究也迫于时间限制无法进一步开展，恳请广大读者及同行批评指正。

此外，现针对文中一些问题说明如下：一是目前对水利行业尚未有权威、统一的界定，尚未以一个独立的部门纳入国民经济核算之中，在国家统计报告中也未以独立部门出现，对本报告提出的水利行业范围的合理性还需进一步深入探讨；二是对水利管理业的行业集中度进行研究是一种尝试，其具体结论仅作为一种参考；三是为保持与二经普数据的一致性和可比性，本报告中采用的数据均为截至到2008年底的统计数据。

水利部发展研究中心

2011年8月

目 录

第一章 水利发展历史回顾

我国是一个水旱灾害严重的国家，治水历史源远流长。兴水利、除水害，历来是治国安邦的大事。在长期的水利实践中，中华民族积累了大量的治水经验。新中国成立以来，特别是改革开放以来，水利建设取得了举世瞩目的巨大成就，形成了一页又一页的光辉篇章。

一、水利和水利行业内涵

一般的行业具有较清晰的界限，但是对于水利行业而言，当前还没有公认的、科学的、准确的界定，因此在开展本研究前有必要对水利行业的所属范围进行基本概念的界定。

（一）水利的内涵

水利是一个使用历史较长的词语，并且随着社会经济技术的不断发展，水利的内涵也在不断充实扩大。水利一词最早见于战国末期问世的《吕氏春秋》中的《孝行览·慎人》篇，但它所讲的“取水利”系指捕鱼之利。约公元前 104—前 91 年，西汉史学家司马迁写成《史记》，其中的《河渠书》（见《史记·河渠书》）是中国第一部水利通史。该书记述了从禹治水到汉武帝黄河瓠子堵口这一历史时期内一系列治河防洪、开渠通航和引水灌溉的史实之后，感叹道：“甚哉水之为利害也”，并指出“自是之后，用事者争言水利”。从此，水利一词就具有防洪、灌溉、航运等除害兴利的含义。

1933 年，中国水利工程学会第三届年会的决议中明确指出：水利范围应包括防洪、排水、灌溉、水力、水道、给水、污渠、港工八种工程在内。其中的“水力”指水能利用，“污渠”指城镇排水。进入 20 世纪后半叶，水利中又增加了水土保持、水资源保护、环境水利和水利渔业等新内容，水利的含义更加广泛。当前全国科学技术名词审定委员会对水利的解释为：对自然界的水进行控制、调节、治导、开发、管理和保护，以防治水旱灾害，并开发利用水资源的各种事业和活动。

（二）水利行业的内涵

目前对水利行业尚未有权威、统一的界定。国家统计局在日常统计工作中是将水利管理业大类（具体包含防洪管理、水库管理、调引水管理、其他水资源管理、其他水利管理 5 个行业小类）看做水利行业。但根据水利的内涵可知，水利管理业只是水利行业的组成部分，并不能代表水利行业。

按照现行《国民经济行业分类》（GB/T4754 — 2002）中规定的行业划分原则，水利没有被划分为国民经济中的独立行业，不同水利活动被分别划分在第一、二、三次产业中，其中，农业灌溉属于第一产业，水电生产与供应、水的生产与供应等属于第二产业，其余的各类水利活动（如水利工程设施的管理等）归属于第三产业，因此水利行业应是一个综合性的行业。

为了便于开展本项研究，课题组对水利行业进行探索性界定。水利活动主要涉及 7 个行业门类，13 个行业大类，24 个行业小类，其中具体包含水利活动的行业小类有：灌溉服务、水力发电、自来水生产及供应、污水处理及再生利用、其他水处理利用与分配、水利和港口工程建筑（水利工程建筑）①、其他专业咨询（水利专业咨询）、自然科学研究与试验发展（水资源等研究活动）、工程和技术研究与试验发展（水利工程技术）、环境监测（污水排放监测、水土流失监测）、工程勘察设计（水利及水电工程勘察设计）、其他矿产地质勘查（地下水资源地质勘查）、基础地质勘查（水文地质调查与勘查）、防洪管理、水库管理、调引水管理、其他水资源管理、其他水利管理、自然保护区管理（内陆湿地及水域生态系统保护区）、风景名胜区管理（河湖型风景区的管理）、经济事务管理机构（水利行政事务管理）、行政监督检查机构（水土保持、河流、湖泊的检查、监督、稽查、查处活动）、专业性团体（水利专业性团体）、行业性团体（水利行业性团体）24 个小类行业。

---

① 括号中为子类内容，从事子类活动的单位属于水利行业，如：水利和港口工程建筑行业小类中包含水利工程建筑和港口工程建筑两大部分内容，我们认为从事水利工程建筑的才属于水利行业。

二、水利发展轨迹

水利发展与经济社会发展和改革密切相关。在我国，水利一直处于非常重要的地位，但是，由于不同时期受水利发展思路和社会大环境的影响，水利事业走出了一条极不平凡的道路。

（一）新中国成立初期和第一个五年计划时期（1949～1957年）

新中国成立初期，国家经济面临濒于崩溃的严峻形势，如何迅速恢复被严重破坏的国民经济，是首先要解决的迫切问题。为尽快恢复生产、安定社会、发展经济，中央把治理江河、防治水旱灾害摆在十分重要的位置，水利事业从此揭开了新的一页。

1. 水利事业得到恢复和发展，水旱灾害明显下降

新中国成立后，面对水利残破不全、江河泛滥成灾的落后局面，党和政府开展了治理水旱灾害，恢复水利事业的艰巨工作。在第一个五年计划期间，政府通过开展群众性中小型水利建设，依靠群众广泛兴修农田水利，有力地促进了农业的发展。同时，国家开始着手大江大河的治理，每年动员成千上万的人进行水利建设，恢复水利工程，增强防汛抗旱能力。开展的重点水利工程包括：大规模治理淮河；修建官厅水库以减轻永定河对北京市的威胁；洞庭湖、鄱阳湖、太湖、珠江三角洲等圩区进行了加强圩堤建设，提高防洪排涝能力。这些水利工程，极大地缓解了水旱灾害的严重局面，对安定社会、恢复生产发展发挥了巨大作用。

2. 水利基础设施建设取得重大进展

为满足国家经济建设计划和人民的需要，使水利建设为工农业发展服务，这一时期建设了一大批水利工程，对经济社会发展，特别是农业增产，起到了良好的促进作用。这些水利工程主要包括引黄灌溉建设、官厅水库、三门峡水库和浙江新安江水电站的建设。其中，引黄灌溉建设成就突出。1950年山东利津县人民首次在黄河綦家嘴建闸引水，1951年河南省开工兴建人民胜利渠灌区，揭开了黄河下游引黄灌溉事业大发展的新篇章。随后，国家又陆续兴建了刘庄、韩墩、李家岸、潘庄、位山等一大批引黄灌区，有力地促进了灌区的经济发展和人民生活水平提高。

3. 水利社会管理能力不断提升，水利管理和改革逐步深入

在新的政治体制下，我国水利管理在这一时期的主要特点是水利行政管理机构的改革以及重点流域规划的编制。在机构设置方面，1949 年中华人民共和国水利部在北京成立，同年分别成立了水利部黄河水利委员会和长江水利委员会，以实现黄河和长江两大流域的统一集中管理。1950 年中央防汛总指挥部成立，对全国防汛抗旱工作进行组织协调。此外，针对水旱严重的江河湖泊，编制了相应的流域规划与治理决定。如 1950 年为治理淮河，中央人民政府国务院发布了《关于治理淮河的决定》，随后，1954～1957 年又陆续编制了长江、黄河、淮河和海河的流域综合规划，1956 年全国人大审议了黄河规划。

4. 水资源统一调度受到重视，首次提出了“南水北调”的宏伟设想

我国的水资源空间分布十分不均匀，南方水资源丰沛，北方缺水严重。如果能够实现南北水资源的统一调度，以丰补欠，达到水资源的优化组合，这对我国的经济社会发展将起到巨大的推动作用。1952 年，我国领导人第一次针对北方缺水问题提出的南水北调宏伟设想，指出“南方水多，北方水少，如有可能，借一点水来是可以的”。虽然在当时的经济实力和技术水平的限制下，这个设想没能实现，但是它为解决我国北方缺水问题、提高水资源配置能力提供了一个重要思路，并在 21 世纪的今天最终得到实施。

（二）“大跃进”和调整时期（1958～1965 年）

1958 年中央提出“鼓足干劲、力争上游、多快好省地建设社会主义”总路线，“大跃进”、“人民公社化”运动全面开展。这一阶段，大规模兴修水利群众运动掀起高潮，水利工程建设成就突出。但由于对社会主义建设经验不足，对经济发展规律和经济基础情况认识不清，对水利建设造成了很大损失。

1. 治水规模大，建成一系列重大水利工程

治水规模大，是“大跃进”时期水利建设的一个主要特征。丹江口水利枢纽、青铜峡水利枢纽、刘家峡水利枢纽、安徽淠史杭灌区、新丰江水电站、北京密云水库等一系列重点水利工程均在这一时期开工建设，水利由过去筑堤、导流为主发展到对海河、黄河、长江支流等许多大江大河的治理。大跃进期间，修建的大中型水

库、枢纽的水利工程，对当时的防洪、抗旱、排涝起到很大作用。这些工程除了一小部分由于质量太差或缺乏水源等原因被废弃，大部分经过以后若干年的整修加固、续建配套，至今仍在发挥着重要的作用。

2. 社会主义建设经验不足，对水利建设造成了一定损失

虽然这个时期全国性规模空前的群众性水利建设运动取得了很大成绩，但由于对社会主义建设经验不足，对经济发展规律和经济基本情况认识不足，农田水利建设中提出了不少不切合实际，甚至违背科学常识的口号，造成了人力物力上的大量浪费，留下许多半拉子工程等一系列后遗症问题。

（三）“文化大革命”时期（1966～1976 年）

“文化大革命”开始后，国民经济发展遭到极大的冲击和破坏。同其他行业一样，水利的正常管理也遭到严重破坏。这一时期，随着人口的增加，粮食问题成为我国的重大问题。为此，在全国范围内展开了大规模的农田水利基础建设。

1. 农田水利建设得到大力推广与发展，粮食生产达到自给有余

“文化大革命”期间，水利建设作为“农业学大寨”运动的一个重要组成部分，群众性水利建设得到大力推广和发展，农田建设、治水、改土等方面取得很大成绩，农田有效灌溉面积由 1965 年的 32036 千公顷增加到 1976 年的 45463 千公顷，增长约 42%。通过改进传统的坑塘技术，积极开挖和改进坑塘，将坑塘与井、渠联合调控，较好地解决了旱、涝、碱问题。50 年代末华北平原由于大搞地上蓄水灌溉，不重视排水，造成的土地次生盐碱化问题得到初步解决。粮食生产达到自给有余，扭转了我国历史上“南粮北调”的局面。

2. 水利工程建设迅速发展，综合效益显著

这一时期海河治理、淮河和辽河控制性水库、丹江口水库、葛洲坝水利枢纽等重要水利工程相继开工建设。《南水北调近期工程规划报告》编制完成。迄今遍布全国的大中小型水库，除了建于“大跃进”时期的之外，绝大部分是在六七十年代“文化大革命”时期修建的。这些工程不仅基本消除了大的洪涝灾害，而且达到了灌溉、发电等综合利用的显著效果。

3. 水利行政机构受到冲击，水利科技力量遭到严重摧残

“文化大革命”使国家工作重点完全脱离了经济建设的中心任务，一切以阶级

斗争为纲。各级水利机构被撤销，大部分人员被下放，特别是科技人员受到严重冲击，基础工作停顿，规章制度废弛，管理工作混乱。

4. 部分水利建设违背自然规律，生态环境遭受破坏

在农田基本建设中，有不少形式主义和瞎指挥现象，造成浪费；许多地方的农民劳动积累过多，影响生活质量的提高；有些地方的水利建设，再次违反基本建设程序，造成新的遗留问题。“农业学大寨”中，也出现了不少不顾本地实际而搞形式主义的情况，片面强调增产粮食，不顾自然条件地搞围湖造田、填塘造田，不但经济效益极低，而且对生态环境也造成了极大破坏。

（四）拨乱反正及改革开放初期（1977～1987年）

1977～1987年，是我国“文化大革命”后拨乱反正，实施改革开放、经济体制转变的初期。通过反思和探索，一系列水利改革艰难启动，水利事业在徘徊中取得了发展。

1. 经济体制改革逐步展开，水利发展思路实现全面转变

党的十一届三中全会后，经济体制改革逐步展开，各项事业都处于探索阶段，水利也不例外。在“拨乱反正”、清理“左”倾思想后，水利工作也相应进行了反思和探索。针对水利发展面临形势的变化和突出的难题，水利部门逐步调整工作思路，提出从以农业服务为主转到为社会经济全面服务上来，并作了一系列改革探索。在总结各地水利改革实践的基础上，明确提出水利改革的方向是“全面服务，转轨变型”，要求水利工作进行三个转变：从为农业服务为主转到为社会经济全面服务为主的思想；从不讲投入产出转到以提高经济效益为中心的轨道；从单一生产型转到综合经营型，把“两个支柱（调整水费和开展多种经营）、一把钥匙（实行多种不同形式的经济责任制）”作为搞好水利管理、提高工程经济效益的中心环节来抓，水利开始走上了讲求经济效益的轨道。

2. 水利投入锐减，水利基础设施建设总体缓慢

1979年中央提出对整个国民经济实行“调整、改革、整顿、提高”的方针，重点是清理长期以来“左倾”在经济工作中的错误影响。在这种背景下，当时关于农业发展的讨论中，对水利建设议论颇多，核心问题是对水利地位、作用和成绩的评

价。不同的议论对水利改革与发展带来了很大的影响。特别是1980年中央和地方财政体制改革，实行“划分收支、分级包干”的体制，水利投入开始大幅度减少，基建投资、防汛岁修费大部分、农水事业费全部切块到地方安排，水利建设受到很大的影响。这一时期，农田水利基本建设、农村电气化县建设等逐步得到加强，黄河大堤建设、引滦入津工程等重点水利工程开始兴建，小浪底工程、三峡工程深入论证。但由于水利投入锐减，水利发展总体缓慢。

（五）社会主义市场经济体制逐步建立时期（1988～1998年）

20世纪90年代，我国开始进入建设社会主义市场经济体制阶段。随着严重的水旱灾害频发，水利重要性日益彰显，水利地位和作用发生质的变化，水利建设步伐明显加快，水利改革和发展进入了一个崭新的时期。

1. 水利事业逐渐受到重视，水利定位发生质的变化

进入20世纪90年代，全国水旱灾害呈现增加的趋势，严重洪涝灾害连续发生。水利的重要地位和重要作用日益被全社会所认识，水利定位发生了质的变化，从支撑农业发展到支撑整个国民经济发展。1990年中央领导提出，水利是基础产业。在制定“八五”计划时，中央多次指出，中国水的问题始终是个大问题，要从战略高度来认识水利问题的严重性。1991年《国民经济和社会发展十年规划和第八个五年计划纲要》正式提出：“要把水利作为国民经济的基础产业，放在重要战略地位”。同年，党的十三届八中全会指出，水利是农业的命脉，是国民经济和社会发展的基础产业。1995年，党的十四届五中全会《制定国民经济和社会发展“九五”计划和2010年远景目标的建议》，把水利列在国民经济基础设施建设的首位、把节水排在资源节约的首位。1998年大水后，中共中央、国务院发布《关于灾后重建、整治江湖、兴修水利的若干意见》，指出要发行特种国债，多渠道筹集资金，用于水利建设。水利的战略地位和作用，尤其是防洪安全和水资源紧缺引起了全党和全社会的更加高度重视。

2. 水利投入逐年增加，江河治理显著加快

在中央政策的指导下，水利投资体制由国家投资、农民投劳的单一模式，转变为中央、地方、集体、个人共同投入的多渠道、多层次、多元化投入的新格局，水

利投入不足的矛盾得到一定的缓解。水利投资体制的改变促进了水利投入的逐年增加，进而为推进长江三峡、黄河小浪底、万家寨、江垭、飞来峡等一批重点工程的开工建设，观音阁、桃林口等一批水利工程的建成，治淮（河）、治太（湖）、洞庭湖治理工程等取得重大进展奠定了基础。

3. 水利法制建设不断强化，依法治水全面推进

随着依法治国在水利行业中得到不断贯彻与实施，这一时期我国水利法制建设取得了重大成就，一系列水利法律、法规、政策得以颁布实施。这些法律法规为水利发展目标的实现提供了法治保障，为水利依法行政奠定了重要基础。这一时期颁布法律法规主要有：1988 年颁布施行的《中华人民共和国水法》，是中国第一部水的根本大法；1991 年，《中华人民共和国防汛条例》发布施行；1995 年，中国第一部关于流域水资源保护的法规《淮河流域水污染防治暂行条例》颁布施行，并成立淮河流域水资源保护领导小组；1997 年，《中华人民共和国防洪法》颁布，1998 年施行，是我国第一部规范防洪工作的法律；1998 年，《水利产业政策》颁布，是我国在基础设施领域颁布的第一项产业政策。

（六）全面建设小康社会、社会主义现代化建设加快推进时期（1999～2008 年）

这一时期是我国开始进入全面建设小康社会、加快推进社会主义现代化的关键时期，水利发展也进入从传统水利向现代水利、可持续发展水利加快转变的重要阶段。

1. 防汛抗旱取得了显著成效，抗灾减灾能力大幅提升

1998 年大水后，党和国家对水利工作更加重视，水利事业全面快速发展，进入了从传统水利向现代水利、可持续发展水利转变的新阶段。这一时期，我国面临严重的水旱威胁，救灾难度前所未有。在党中央、国务院的正确领导下，水利部门、地方政府和广大人民群众的不懈努力下，同 2007 年淮河大水，特别是 2008 年南方严重低温雨雪冰冻、汶川特大地震等自然灾害进行不懈斗争并取得伟大胜利，水利保障经济社会发展的能力和水平得到跨越式提升，抗灾减灾能力显著上升。

2. 水利基础设施建设大规模展开，涉及民生的水利问题得到解决

这一时期，由于党和国家对水利事业的重视，在国家发展与改革委员会和财政

部等部门的大力支持下，水利基础设施建设掀起了新的高潮。以“南水北调”为代表的水利基础设施建设大规模展开，有效地解决了水污染与水资源短缺问题。同时，涉及民生的水利问题加快解决，全国约2400座病险水库（闸）完成除险加固工程建设，农田水利建设发展迅速，蓄水能力、灌溉面积和节水面积增长显著。

3. 水利投入大幅度增加，水利事业全面发展

自1998年大洪水后，中央明确了新时期水利工作方针，治水思路发生深刻变化，水利投入大幅度增加。尤其是2008年水利建设投入显著增加：落实中央水利建设计划投资425.4亿元（不含第四季度新增中央水利建设投资200亿元），比2007年中央水利投资增加84.9亿元①，创新中国成立以来中央投资规模的最高水平。

4. 水资源管理和保护得到加强

针对我国粗放的经济发展方式对水资源带来过度破坏、对经济社会可持续发展造成严重威胁的现实状况，水利部门提出必须严格落实水资源管理的各项法律、法规和政策措施，实行最严格的水资源管理制度，并围绕水资源的配置、节约和保护，明确了水资源管理的“三条红线”。

三、水利发展取得的主要成就②

回顾和梳理水利重点领域发展的历程，全面总结各领域取得的成就，通过与新中国成立初期的对比分析，展示水利发生的翻天覆地变化以及经济社会发展的巨大贡献。

（一）江河治理成效显著，防汛抗旱减灾取得历史性成就

我国的水旱灾害发生频繁，造成的损失严重，是中华民族长期以来的心腹之患。因此，防御洪水，减少旱灾，历来是兴修水利的主要目标。可以说，我国的水利建设是以防洪抗旱工作为核心展开的。

---

① 2008年中央水利建设计划投资额指标数据来源于《2008年水利规划计划工作年度报告》。

② 本节引用的数据来源于《中国水利统计年鉴－2010》和《水利辉煌60年》。

1. 防汛抗旱工程体系基本形成，防汛抗旱标准显著提高

新中国成立以来，我国按照“蓄泄兼筹”和“除害与兴利相结合”的方针，对大江大河进行了大规模的治理，大力修建防洪工程、抗旱水源工程和灌溉工程。尤其是自1998年以来，在党中央、国务院的高度重视下，中央和地方加大了对水利的投入力度，开展了大规模的防洪工程建设，重点实施了大江大河防洪治理和骨干防洪工程建设，长江三峡、黄河小浪底、汉江丹江口、淮河临淮岗、嫩江尼尔基、广西百色、四川紫坪铺、新疆乌鲁瓦提、西藏满拉等一大批控制性水利枢纽工程相继建成并投入使用，主要江河的调控能力明显增强。

截至2008年底，全国已建成堤防28.69万公里，是1973年的2.5倍多（见图1.1），保护人口5.7亿人，保护耕地45712千公顷；已建成各类水库约8.64万座，水库总库容6924亿立方米。目前，大江大河主要河段已基本具备了防御新中国成立以来最大洪水的能力，中小河流具备防御一般洪水的能力，重点海堤设防标准提高到50年一遇。旧中国江河泛滥、洪涝肆虐的落后局面得到彻底扭转。

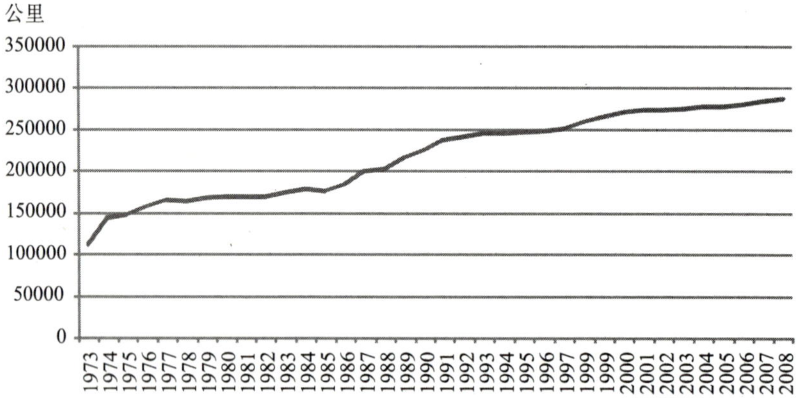

图1.1　1973～2008年全国堤防长度

2. 夺取了历次防汛抗旱的胜利，防洪抗旱减灾效益显著

历史上，水旱灾害常常造成大量人员伤亡。但新中国成立以后，虽然各大江河流域都先后出现过流域性的大洪水或特大洪水，洪水量级大都达到或超过本世纪前50年，部分地区发生超历史的特大干旱，但是旧中国水旱灾害导致饿殍遍野、民不聊生的历史悲剧并没有重演。随着我国防洪抗旱体系的不断完善，因灾死亡人数不断降低。据统计，1949～2008年，我国因洪涝死亡人口约27万人，年均死亡4800

多人。其中，20 世纪 50 年代洪涝灾害年均死亡约 9000 人，70 年代 5300 多人，80 年代 4300 多人，90 年代降至 3700 多人，2001 年以来这一数字降为 1500 多人。特别是近年来，虽然经历了 2003 年和 2007 年淮河大水、2005 年珠江大洪水，但洪涝灾害死亡人数大幅减少，2008 年在多灾并发的情况下因洪涝灾害死亡人数降至 600 多人。

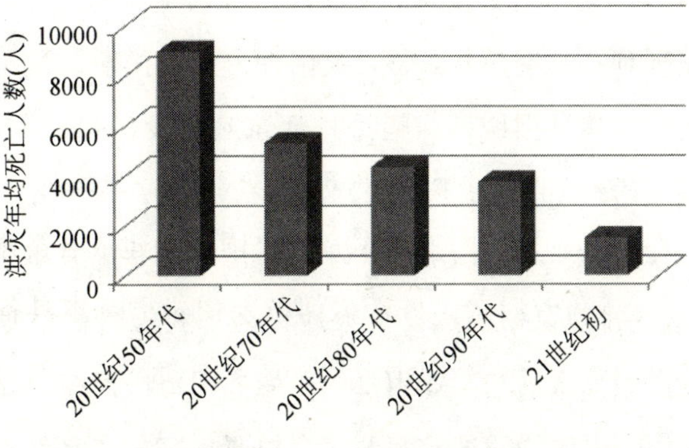

图 1.2　新中国成立以来洪涝灾害年均死亡人数

并且随着大江大河的治理，江河防洪标准的提高，江河决堤、洪水泛滥、肆意成灾的局面得到扭转，防洪减灾效益显著。据不完全统计，1949～2008 年，全国防洪减灾直接经济效益约为 4 万亿元人民币，防洪减淹耕地 160000 千公顷，年均减免粮食损失约 1000 万吨。特别是 1988～1998 年，由于连续发生了多次大洪水，防洪经济效益体现得更为明显，仅 1995～1998 年防洪工程的减灾直接经济效益达 1.63 万亿元。

（二）农田水利建设取得重大进展，对农业生产的基础保障作用显著

我国是一个农业大国，同时又是拥有 13 亿人的人口大国。粮食安全始终是党和国家关注的头等大事。而水对农业的贡献，从农业生产多年实践总结的一句话“有收无收在于水，多收少收在于肥”，可见一斑。因此，在我国历史上，农田水利一直占据重要的战略地位。

1. 灌区建设迅猛发展，为我国粮食安全提供有力保障

新中国成立以后，为有效地改善农业灌溉条件，保障粮食安全，先后兴建了一

大批大中小型灌区。据统计，截至2008年底，已建成设计灌溉面积万亩以上灌区5851处，其农田有效灌溉面积达29440千公顷，其中，30万～50万亩的灌区205处，农田有效灌溉面积约为4633千公顷；50万亩以上的灌区120处，农田有效灌溉面积为10768千公顷。60年来，通过灌区建设，全国农田有效灌溉面积达到58472千公顷，占全国耕地的48%，占世界总灌溉面积的20%，居世界首位。

2. 排灌泵站建设实现跨越式发展，提高了农业防御旱涝灾害的能力

为防御旱涝灾害对农业生产的威胁，我国大力加强排灌泵站建设，兴建了一大批大型骨干电力排灌工程。据统计，通过排灌泵站建设，截至2008年底，全国机电排灌站装机容量已达到4438万千瓦，比解放前增长了625倍，其中已建成各类固定机电排灌站44.6万处，装机容量2233万千瓦，流动排灌和喷滴灌设施装机容量2205万千瓦。这些排灌泵站的建设极大地提高了我国防御旱涝灾害的能力，对保证农业增产，解决城乡生活和工业用水，改变贫困地区面貌，改善生态环境都发挥了十分重要的作用。同时为我国粮食改“南粮北运”为“北粮南运”做出了巨大的贡献。通过长期坚持开展农田水利基本建设，农田水利得到跨越式发展，不论是工程数量还是效益均超过历史上任何一个时期，已经形成了较为健全的农田水利工程体系，农业抗御水旱灾害的能力极大提高。全国农田有效灌溉面积从1949年的15929千公顷增加到2008年的58472千公顷，增长了3.65倍；排灌机械保有量从1949年的7.1万千瓦增加到2008年的8588万千瓦，增长了1210倍，极大改善了农业生产条件，大幅度提升了农业综合生产能力，为全国粮食总产量从新中国成立初的1.1亿吨增加到5亿多吨，基本解决粮食问题作出了巨大贡献，也为增强农业发展后劲、实施国家“藏粮于田”战略奠定了坚实的物质基础。①

（三）水资源配置格局逐步建立，城乡供水能力显著提升

水是生命之源，也是经济社会发展的命脉。拥有充足稳定的水资源供给是经济社会可持续发展的基本保证，获得安全洁净的饮用水是人类生存的基本需求，保障城乡供水安全是水利肩负的重大使命。

① 本段中数据来源于《中国水利统计年鉴－2010》。

1. 水资源配置格局初步形成，有效促进了区域协调发展

新中国成立后，为了解决区域间水资源分布不均的问题，缓解重点城市和地区的水资源紧张状况，满足城市迅猛发展对水的需求，我国陆续建设了一大批水资源配置工程，山东引黄济青、大连引碧入连、甘肃引大入秦、东深供水、天津引滦济津、山西万家寨引黄、宁夏扶贫扬黄等一批调水工程先后建成，南水北调、新疆引额济乌、东北引呼济嫩、安徽引江济淮、云南滇中调水、辽宁大伙房输水工程等一批调水工程顺利实施。这些工程的建成运行，极大地增强了水资源调控能力，克服了水资源短缺、时空分布不均等对经济社会发展的制约，提高了我国粮食生态安全、经济发展安全、城乡居民生活用水安全以及生态环境安全等方面的用水保障水平。其中，引滦入津工程建成通水让天津人民彻底告别了喝苦咸水的历史，25 年来累计向天津供水 182.9 亿立方米，成为天津经济和社会发展赖以生存的“生命线”；被称为700 万香港同胞的“生命之源”的东深供水工程自 1965 年建成以来，历经 3 次扩建，对香港供水累计超过 150 多亿立方米，占香港淡水供应量近八成，为促进香港的长期繁荣稳定和回归祖国作出了重大贡献。

2. 水利工程供水能力大幅度提高，城乡供水得到有力保障

新中国成立后，兴建了一大批蓄水、引水、提水等供水工程，同时加强水资源配置工程建设，提高水资源优化调度能力，极大地提高了水资源保障能力。截至 2008 年底，我国累计建成了 8.6 万座水库，各类机电井 511.8 万眼，建成各类固定机电抽水泵站 50.9 万处，水池、水窖、塘坝等饮水蓄水设施 420 万个，全国供水量从 1949 年的 1031 亿立方米增加到 2008 年的 5910 亿立方米，增长了约 5.7 倍，人均综合用水量从新中国成立之初的不足 200 立方米增加到 458 立方米，增长 2.29 倍，基本满足了城乡经济社会发展的用水需求。

(四) 水资源管理和保护得到加强，用水效率和效益明显提升

60 年来，全国农业灌溉水利用系数从 1949 年的不足 0.3 提高到 0.475。在确保粮食产量比解放前增长 3.7 倍的同时，农业用水比重从 1949 年的 92.7%降低到 2008 年的 62%，降幅约 31 个百分点。尤其是改革开放后的 30 年，我国经济保持了年均近 10%的高增长率，而全国用水总量实现了微量增长，以占全球约 6%的淡

水资源，保障了占全球21%人口用水需求和经济高速发展，并加快向全面小康社会迈进，水资源管理和保护发挥了至关重要的作用，已经成为保障水资源可持续利用和经济社会可持续发展的重要手段。

（五）水利行业队伍素质水平不断提升，为水利事业发展提供了坚实人才保障

新中国成立以来，水利人才队伍建设实现了跨越式发展，形成了体制健全、机构完善、保障有力、特色鲜明的工作格局，为水利事业又好又快发展提供了坚强的组织保障和人才支撑。2008年年底，全国水利系统从业人员总数为108.61万人，其中专业技术人才达到约34万人，技师以上的高技能人才达到近2.8万人，分别比21世纪初提高了约26%、73%，中专以上学历占职工队伍的比例由21世纪初的39%提高到现在的59%左右。

第二章　水利发展现状分析

本章在分析水利建设投资、重点领域建设方面采用水利部门的统计数据（主要来自于2009年中国水利统计年鉴，如有其他数据来源做单独说明）；在分析水利行业能力时，利用行业分类代码和其他技术手段，从第二次经济普查数据库中筛选出水利行业单位和水利管理业单位后，对水利行业单位和水利管理业单位的区域分布情况、从业人员情况、财务状况进行了分析，同时由于数据限制等原因，只对水利管理业采用行业集中度进行了分析。

一、水利建设投资

（一）投资总体情况

新中国成立以来，水利基本建设投资总量快速增长，为水利实现跨越式发展奠定了坚实的基础。新中国成立以来，全国水利基本建设累计完成投资10035亿元，其中，1979～2008年全国水利基本建设完成投资9598亿元，是改革开放前29年的22倍。

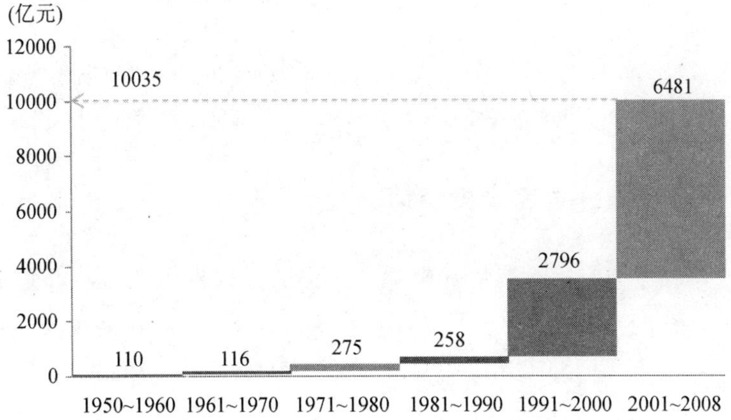

图2.1　1950～2008年水利建设投资完成情况

2008 年水利建设投资完成额为 1088 亿元。从投资来源看，国家预算内拨款 390.4 亿元；国家预算内专项投资 160.5 亿元；国内贷款 96.9 亿元；利用外资 10.5 亿元；自筹资金 235.4 亿元；水利建设基金 60.5 亿元；其他投资 134.1 亿元。从投资用途看，防洪工程建设投资完成额 370.0 亿元；水资源工程建设投资完成额 467.8 亿元；水土保持及生态环境保护投资完成额 76.9 亿元；水电工程投资完成额 77.4 亿元；行业能力建设及其他投资完成额 96.1 亿元。

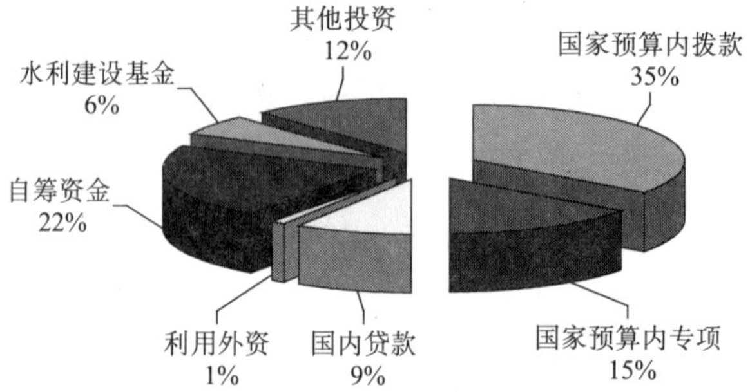

图 2.2　2008 年按投资来源分水利建设投资完成额所占比重

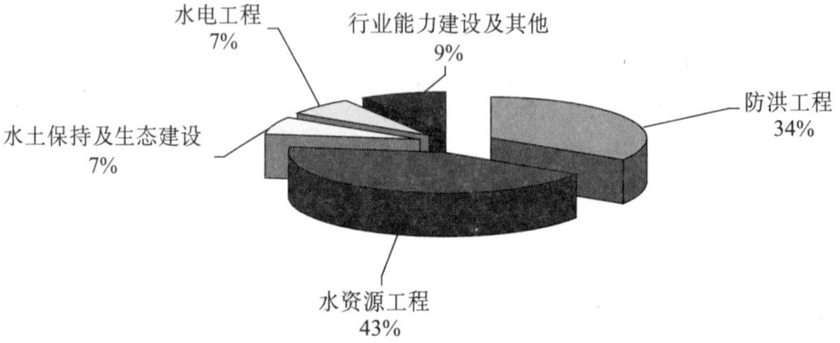

图 2.3　2008 年按投资用途分水利建设投资完成额所占比重

（二）分流域、分省完成投资情况

从 2008 年分流域完成投资情况来看，长江区完成投资最高，占完成投资总额的 34%，其次是黄河区和淮河区。这与我国水资源分布、水资源管理、防洪抗旱需求、民生工程建设等方面的要求是一致的。

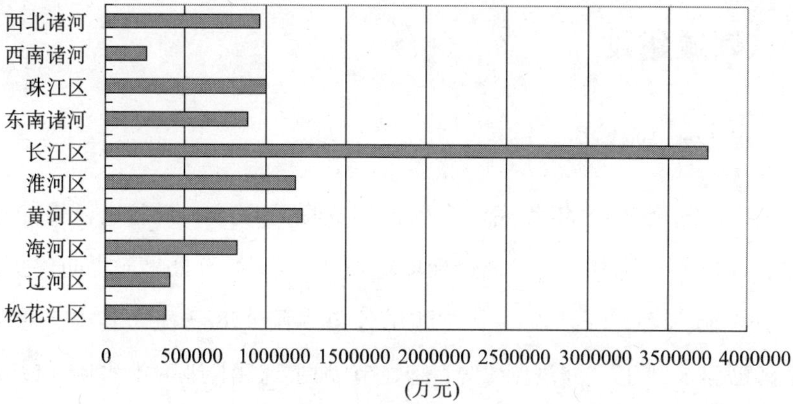

图 2.4 2008 年分流域水利完成投资情况

从分省完成投资情况来看，浙江省完成投资最高，达到 86 亿元，其次是新疆和重庆市。从投资结构来看，上海市、江苏省新疆等地主要以国家预算内拨款为主，浙江省、重庆市主要以自筹资金为主。水利完成投资中资金来源为利用外资的省份共有 12 个，主要以北京市、重庆市、贵州省、新疆 4 个地区为主。

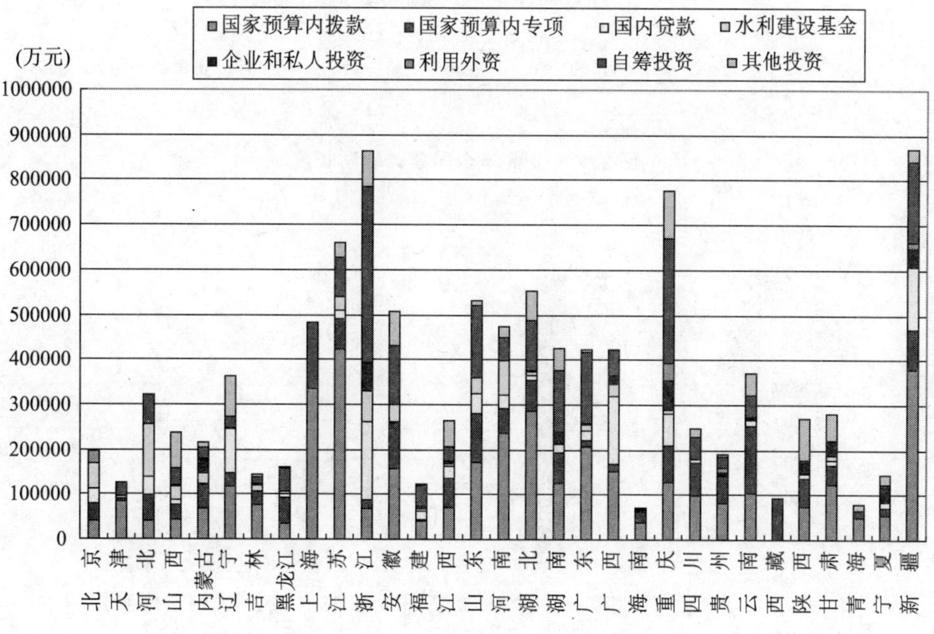

图 2.5 2008 年分省水利投资完成情况

二、重点领域建设

(一) 重点水利建设

防洪工程。截至2008年年底，全国已建成堤防28.69万公里，累计达标堤防长度11.28万公里，其中一、二级达标堤防长度为2.53万公里。堤防保护人口5.7亿人，保护耕地45712千公顷。全国已建各类水闸43829座，其中大型水闸504座。在全部已建水闸中，分洪闸2647座，节制闸12701座，排水闸14987座，引水闸8486座，挡潮闸5008座。

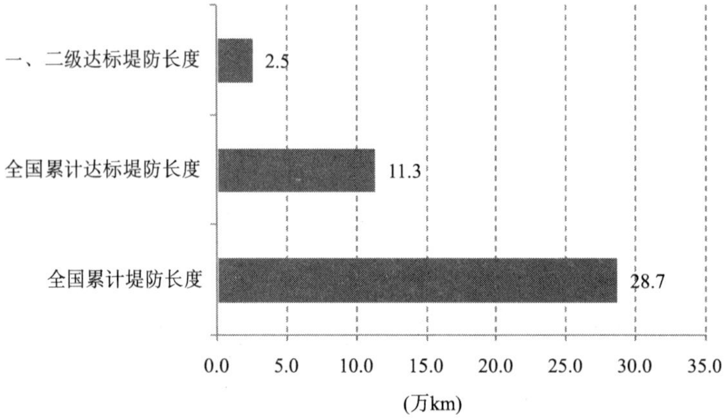

图2.6　2008年全国累计堤防长度

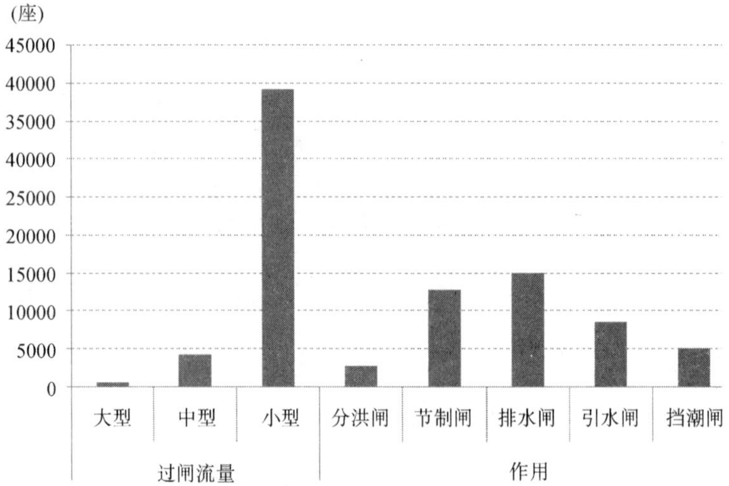

图2.7　2008年全国各类水闸情况

水库枢纽工程。截至2008年年底，全国已建成各类水库86 353座，水库总库容6924亿立方米。其中，大型水库529座，总库容5386亿立方米，占全部总库容的77.8%；中型水库3181座，总库容910亿立方米，占全部总库容的13.1%。

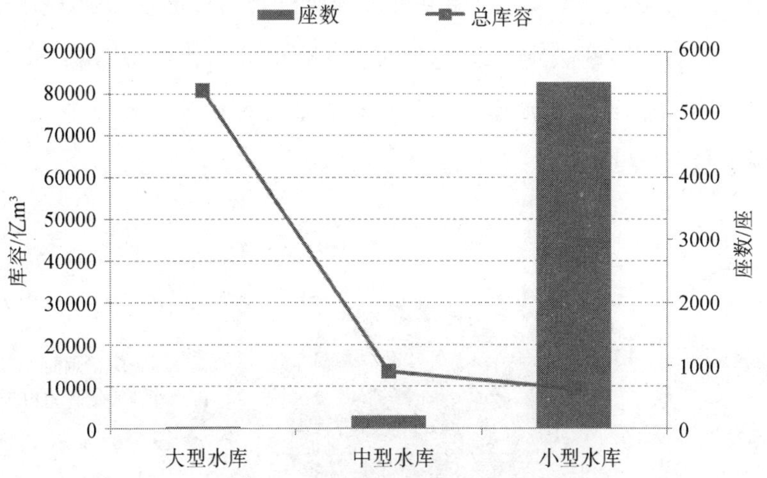

图2.8 2008年我国水库基本情况

农村水利。截至2008年年底，全国饮水安全总人口已达6.2亿人。农田有效灌溉面积达到58472千公顷，占全国耕地面积的48.0%，农田有效实灌面积50666千公顷，占全国农田有效灌溉面积的86.7%，节水灌溉面积达到24436千公顷，占全国灌溉面积的38.1%。设计灌溉面积万亩以上的灌区共5851处，其农田有效灌溉面积29440千公顷。已建成各类配套机电井474.1万眼，装机容量4657万千瓦，其中配套灌溉机电井443.9万眼，装机容量4151万千瓦。固定机电排灌站44.6万处，装机容量2233万千瓦。

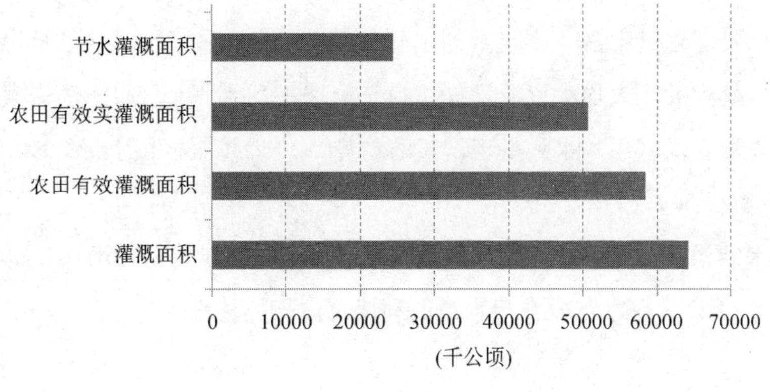

图2.9 2008年全国农田灌溉情况

农村水电。2008 年末，全国农村水电年发电量达到 1627.6 亿千瓦时，有农村水电的县户通电率 99.6％，北京、河北、辽宁等 9 个省（直辖市）的户通电率达到 100％。

水土保持。新中国成立以来，我国水土流失综合治理面积达到 101587 千公顷，小流域治理面积 39189 千公顷。2008 年水土流失治理面积新增 3867 千公顷，其中通过建设水平梯田、坝地、水保林、种草和其他等措施治理水土流失面积分别为 275 千公顷、41 千公顷、1474 千公顷、492 千公顷、1584 千公顷。

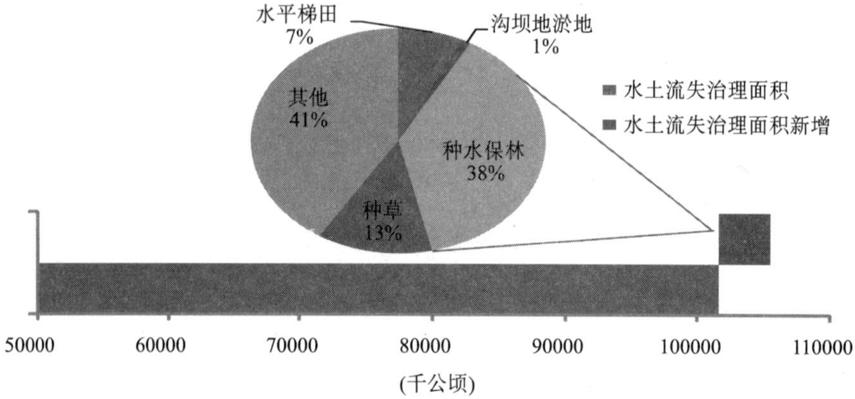

图 2.10　2008 年全国水土流失治理情况

（二）水资源利用与保护

我国水资源总量丰富，多年平均水资源量为 2.8 亿立方米，位居世界第六位，但由于人口规模大，人均水资源量仅相当于全球平均水平的 1/4。随着我国经济社会的不断发展，供（用）水量呈现增长的趋势。2008 年全国供水量 5910 亿立方米，较 1997 年增长 5.1％。

从供水结构看，地表水仍是我国主要供水水源，占供水总量的 80％以上，其次是地下水，占 18％左右，非常规水源的利用总体规模较小。

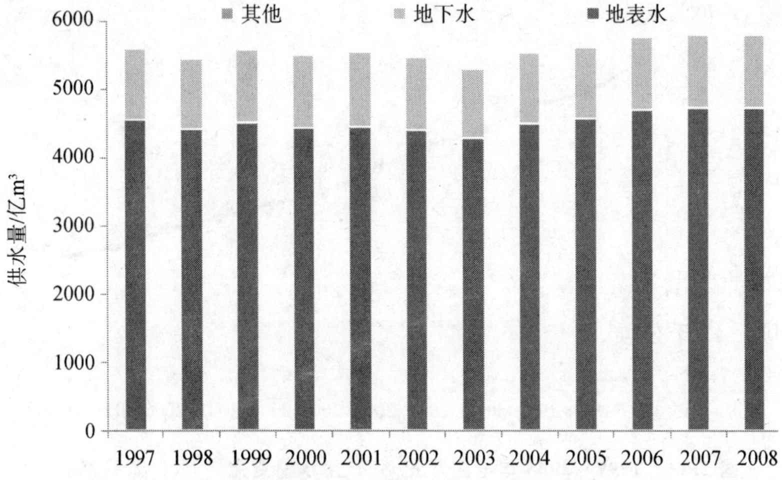

图 2.11 1997～2008 年全国供水量变化

从用水结构看，农业用水比重最大，占用水总量的 65%以上，随着工业和生活用水的不断增长，农业用水比重逐年下降。

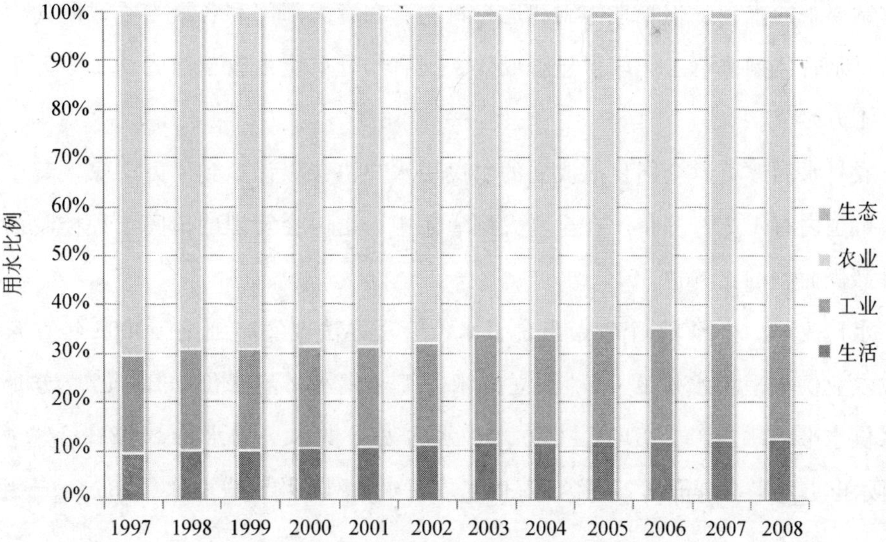

图 2.12 1997～2008 年全国用水结构变化

从用水效率看，1997 年以来，我国万元 GDP 用水量持续下降，2008 年万元 GDP 用水量降为 227 立方米（2005 年可比价）。

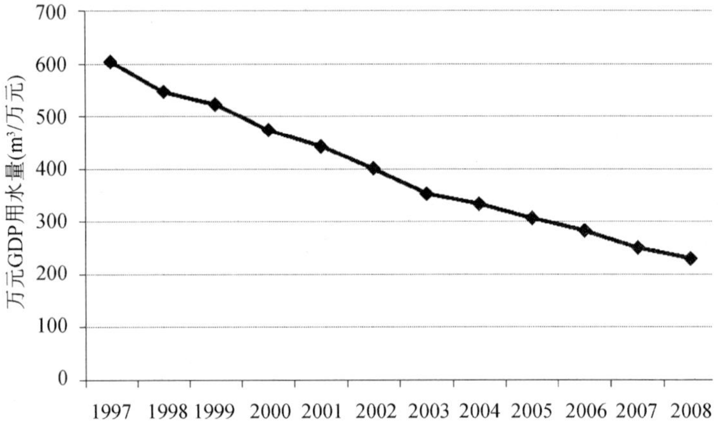

图 2.13　1997～2008 年全国万元 GDP 用水量变化（2005 年不变价）

（三）水利改革与管理

建设管理与改革。2002 年 9 月，国务院办公厅转发了《水利工程管理体制改革实施意见》，明确提出用 3～5 年时间建立起适应我国国情、水情和社会主义市场经济体制要求的水利工程管理体制和运行机制。在有关部门和各级党委政府的大力支持下，水管体制改革工作取得显著成效。国有水管单位由改革前的约 1.3 万个精简为 1.1 万多个。①

农村水利改革。全国目前成立的农民用水户协会累计达到 4 万多家，其中大型灌区范围内有 1.7 万多个。在全国大型灌区中，由协会管理的田间工程控制面积占有效灌溉面积的比例达 50%。

水价改革。全国 21 个省市出台了水价管理办法或实施细则。2008 年百家水管单位农业供水平均水价 0.026 元/立方米、工业供水平均水价 0.26 元/立方米、自来水供水平均水价 0.3981 元/立方米、水力发电供水平均水价 0.021 元/立方米。农村水电上网平均电价 0.27 元/千瓦时，农村水电网平均到户电价 0.485 元/千瓦时。

三、水利行业单位概况

根据二经普数据，全国大陆地区 31 省市自治区约有水利行业法人单位 8.42 万

① 本段中有关数据来源于《水利辉煌 60 年》。

个，总资产约为 2.36 万亿元人民币，每家单位平均资产规模约为 2802.85 万元；从业人员总数约为 300.75 万人，单位平均人数约为 35.72 人。

（一）单位数量情况

从单位性质来看，在 8.42 万水利行业法人单位中，企业法人有 5.44 万个，机关事业法人有 2.63 万个，社会团体有 0.18 万个，其余 0.17 万个则以其他组织机构的形式出现。

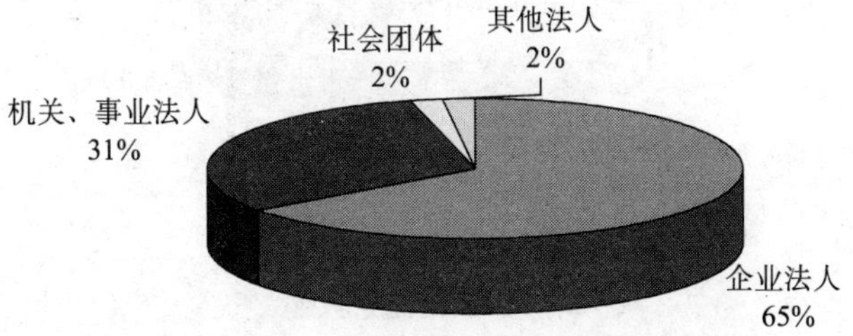

图 2.14　水利行业单位分布（按机构类型）

从地区分布来看，水利行业单位数最多的是广东省，为 8787；其次为福建省，为 6832；再次为四川，为 6812；最少的西藏自治区，仅 126。平均每省有水利行业单位 0.27 万；中位值为陕西省，有 0.22 万；前 5 位的省市自治区水利行业单位占比为 40.8%。

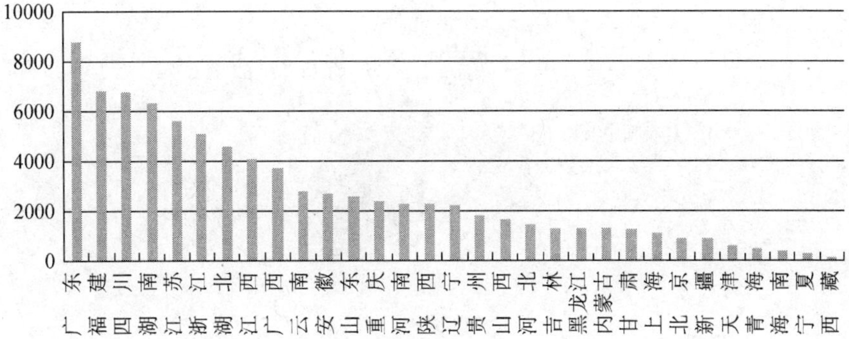

图 2.15　水利行业单位分布（按地区）

（二）从业人员情况

水利行业从业人员总数达300.75万人。其中水利和港口工程建筑从业人数最多，达89.25万人，占比29.68%；其次为自来水生产供应业，从业人数61.72万人，占比20.52%；再次为水力发电，从业人数59.29万人，占比19.71%；而水利管理行业从业人数47.84万人，占比15.81%。

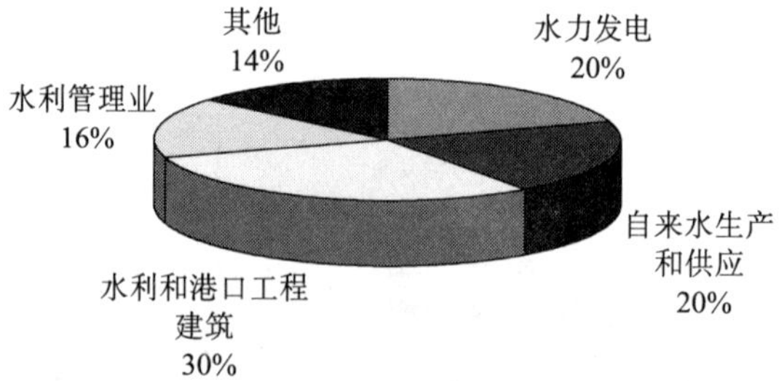

图2.16　水利行业从业人员

从水利行业单位行业从业人员的学历构成来看，在300万从业人员中，1%的从业人员拥有研究生以上学历，32%的从业人员拥有本科或大专学历，67%的从业人员仅有高中及以下文化程度，整体文化水平偏低。65万人拥有各类技术职称，占总人数的21.65%，其中拥有高级技术职称者7.52万人，拥有中级技术职称者23.18万人，拥有初级技术职称者34.4万人。具有技术等级证书人员合计55.96万人，占总人数的18.61%，其中高级技师1.35万人，技师5.74万人，高级工23.57万人，中级工25.3万人。

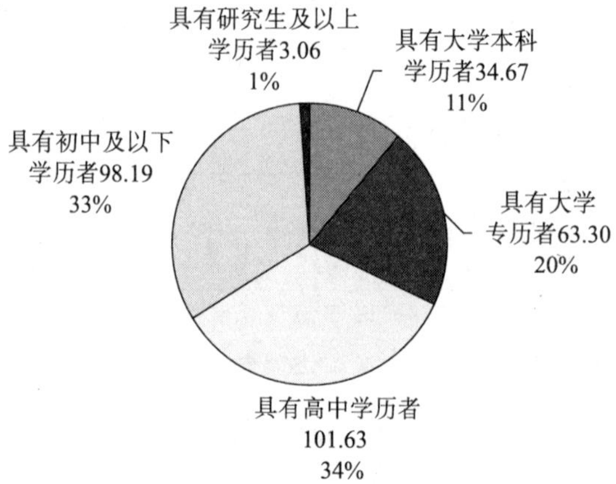

图2.17　水利行业从业人员（按学历）

（三）资产财务情况

在水利行业中，资产规模最大的是水力发电行业，资产规模达 1.2 万亿元，占比达 54.75%；其次为自来水生产及供应业，资产规模为 4070 亿元，占比为 17.22%；再次为水利和港口工程建筑业，资产规模为 3158 亿元，占比 13.36%。而包括防洪管理、水库管理、调引水管理、其他水资源管理和其他水利管理五大领域的水利管理行业资产规模排在第四位，资产规模合计仅为 1451 亿元，占全国水利行业的 6.14%，比重偏低。（见下图）

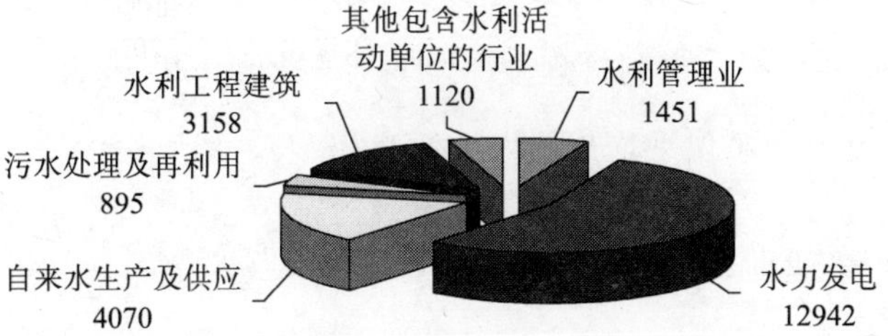

图 2.18　水利行业资产分布

资产规模的差异主要在于水力发电、自来水生产及供应等行业单位多以企业形式存在，资产庞大，产权明晰；而水利管理业作为公益性行业，单位多以行政机关、事业单位或其他组织形式存在，其名下资产相对较少。统计数据表明，全国水利行业总资产的 97.31%由企业占有，行政机关、事业单位、社会团体等合计仅占有 2.69%。

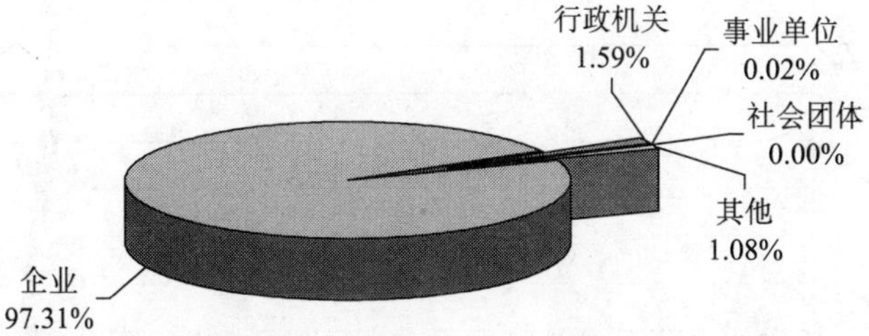

图 2.19　水利行业资产分布（按机构类型）

从水利行业单位资产的地区分布来看，东、中、西部资产分布较为平均，具体如下图：

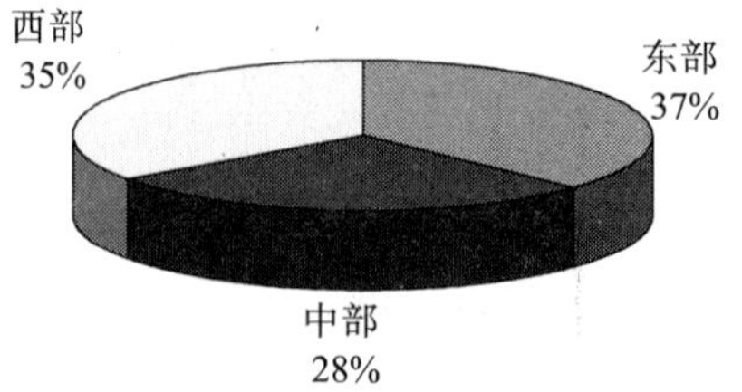

图 2.20 水利行业资产分布（按地区）

四、水利管理业集中度分析

水利管理业大类下的防洪管理、水库管理、调引水管理、其他水资源管理、其他水利管理五个小类的法人单位总数为 2.08 万，总资产为 1451 亿元，分别占水利行业的 24.7%和 6.15%。水利管理业平均资产规模为 697.6 万元人民币；从业人员合计为 47.84 万人，单位平均从业人员数为 23 人。

（一）水利管理业单位概况

1. 单位数量情况

从单位家数来看，其他水利管理业单位数最多，为 0.76 万，其次为水库管理，为 0.45 万，再次为调引水管理，为 0.38 万，最少的是防洪管理和其他水资源管理，分别为 0.26 万和 0.22 万。

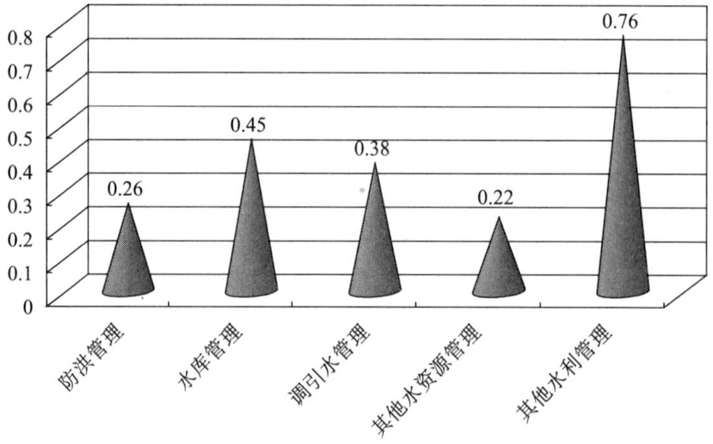

图 2.21 水利管理业单位数量分布

2. 从业人员情况

在水利管理业五个小类中，调引水管理和水库管理从业人数最多，分别为12.96万人和12.47万人，其次为其他水利管理，为10.94万人，最后为防洪管理和其他水资源管理，为6.52万人和4.31万人。

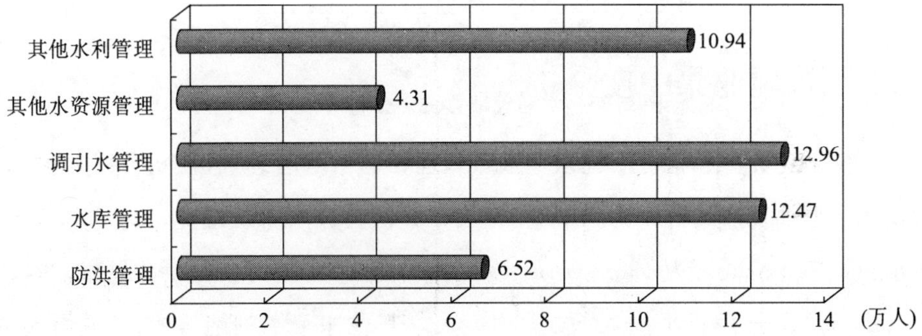

图 2.22 水利管理业从业人员分布

从水利管理行业从业人员的学历构成来看，在47.84万从业人员中，0.94%的从业人员拥有研究生及以上学历，39.97%的从业人员拥有本科或大专学历，58%的从业人员为高中及以下文化程度。其中13万人拥有各类技术职称，占总人数的27.16%。其中拥有高级技术职称者1.45万人，拥有中级技术职称者4.74万人，拥有初级技术职称者6.80万人。具有技术等级证书人员合计13.52万人，占总人数的28.27%，其中高级技师0.22万人，技师1.04万人，高级工6.6万人，中级工5.67万人。与水利行业的从业人员构成对比可见，水利管理业从业人员拥有专科以上学历的比例更高，拥有技术职称和具有技术等级证书人员的比例也更高。

3. 资产财务状况

在水利管理行业五个小类中，水库管理业资产最多，为467.74亿元，占比32%；其次为调引水管理业，资产330.10亿元，占比23%；其次为其他水利管理业，资产322.16亿元，占比22%；再次为其他水资源管理业，资产176.15亿元，占比12%；最少的是防洪管理业，资产为155.28亿元。

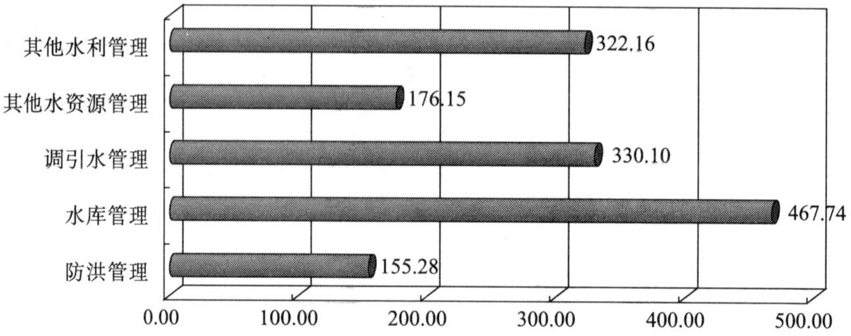

图 2.23　水利管理业资产分布（亿元）

从单位平均资产和单位平均从业人数来衡量，水利管理业五个行业小类中，水库管理单位平均资产最高，为 1039.4 万元，其次为调引水管理业，为 868.7 万元，其他水利管理业最低，为 423.9 万元；调引水行业单位平均从业人数最高，为 34.1 人，其次为水库管理，平均人数为 27.7 人，其他水利管理业最低，平均人数为 14.4 人。

表 2—1　　水利管理行业单位资产及人员情况　　单位：人，万元

	防洪管理	水库管理	调引水管理	其他水资源管理	其他水利管理
平均人数	25.1	27.7	34.1	19.6	14.4
平均资产	597.2	1039.4	868.7	800.7	423.9

（二）水利管理行业集中度分析

行业集中度是衡量产业市场结构性状和大企业市场控制力的一个概念。通过对水利管理业行业集中度的分析，可以了解当前水利管理业的结构特征，以及行业分布与企业效益之间存在的内在关系。

1. 行业集中度的概念

行业集中度（Concentration Ratio of industry）又称行业集中率或市场集中度（Market Concentration Rate），是指某行业的相关市场内前 N 家最大的企业所占市场份额（产值、产量、销售额、销售量、职工人数、资产总额等）的总和。行业集中度通常用行业集中率（CRn 指数）、赫尔芬达尔—赫希曼指数（HHI 指数，又简

称为赫希曼指数)、洛仑兹曲线、基尼系数、逆指数和熵指数等指标反映。本文主要采用行业集中率来反映水利管理行业结构和分布。

CRn 指数是以产业中最大的 n 个企业所占市场份额的累计数占整个产业市场的比例来表示。例如，CR4 是指四个最大的企业占有该相关市场份额。对行业集中率（CRn 指数）指标，前若干家企业的选择，一般可以是 4 家、8 家、20 家等，这主要取决于“产业”的内涵范围，产业内的企业数量以及研究者的研究目的和获取资料的难易程度等。

行业集中率的计算公式如下：设某产业的销售总额为 X，第 i 企业的销售额为：X_i，则第 i 企业的市场份额为：$S_i = X_i / X$，又设 CRn 为该产业中最大的 n 个企业所占市场份额之和，则

$$\mathrm{CRn} = \sum_{1}^{n} X_i / X \times 100 = \frac{\sum_{1}^{n} (X_i)_n}{\sum_{1}^{n} (X_i)_N} = \sum_{1}^{n} S_i \times 100 \qquad (1)$$

2. 水利管理行业及其子行业行业集中度分析

根据美国经济学家贝恩和日本通产省对产业集中度的划分标准，行业集中度 CR4 或 CR8<40，则该行业为竞争型；而如果 CR4≥30 或 CR8≥40，则该行业为寡占型。其中，寡占型又可细分为极高寡占型（CR8≥70%）和低集中寡占型（40%≤CR8<70%）；竞争型又细分为低集中竞争型（20%≤CR8<40%）和分散竞争型（CR8<20%）。

在对水利管理业的行业数据进行分析时，一方面由于相当部分的水利管理行业单位的主营业务收入、资产总计等财务数据缺失，另一方面水利管理业很大程度上是非营利性、公益性行业，其提供的社会服务、产生的社会效益并不能直接用营业收入、资产规模等财务数据来衡量，反而用由从业人数所体现的服务和管理能力关系更为直接。因此，本节以水利管理行业从业人员人数作为主要评价数据。

水利管理行业每个小类单位数均在 2000 家以上，且由于水利固有的地域性、公益性、非竞争性和非排他性等特点，水利管理业行业集中度偏低，本文分别选择前 20 家、50 家和 100 家单位进行分析。

从水利管理业整体来看，前 20 家单位从业人员（CR20）占比 4.81%，前 50 家

单位从业人员（CR50）占比 8.46%，前 100 家单位从业人员（CR100）占比 12.59%，整体行业集中度偏低。按照防洪管理、水库管理、调引水管理、其他水资源管理和其他水利管理五类分别计算，其行业集中率如下：

表 2—2　水利管理业行业集中率一览表

行　　业	CR20	CR50	CR100
水利管理业	4.81	8.46	12.59
防洪管理	12.17	31.2	41.18
水库管理	9.52	16.92	25.31
调引水管理	10.83	19.45	28.84
其他水资源管理	12.66	21.82	31.57
其他水利管理	9.83	14.82	20.53

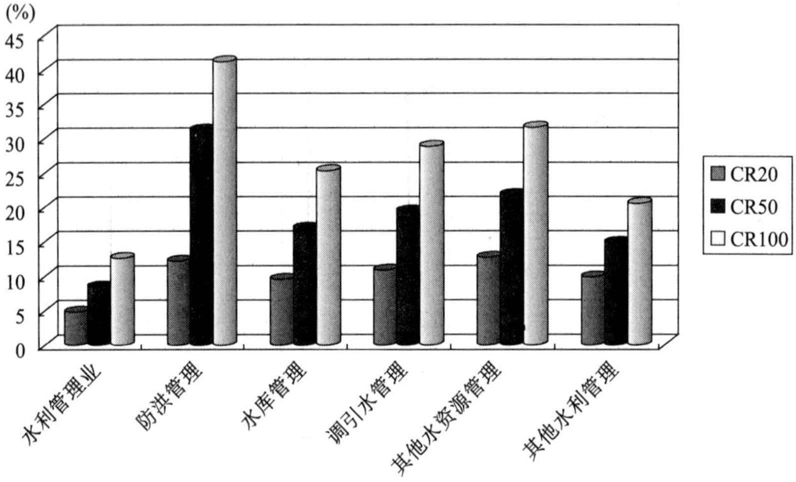

图 2.24　水利管理行业集中度分析

五个子行业中，防洪管理行业集中率最高，CR100 达到 41.18；其次为其他水资源管理、调引水管理和其他水资源管理，这三个子行业行业集中率相近；行业集中率最低的为其他水利管理，CR100 仅为 20.53。

3. 水利管理行业地区集中度分析

从地区分布来看，水利管理业单位总数最多的三省市分别为江苏（1701）、湖北（1674）、湖南（1469），占全国水利行业单位总数的 23.26%（CR3），其次为四川（1418）、广西（1130），前述5省占比（CR5）为35.50%；水利行业从业人数最多的省市分别为江苏（10.06万人）、湖北（6.62万人）、吉林（5.57万人），占全国水利行业从业人数总数的44.71%（CR3），其次为甘肃（4.17万人）、广东（3.42万人），前述5省占比（CR5）为60%。前十个省市的分布率如下表所示：

表2—3 水利行业地区分布一览 单位：%

序号	1	2	3	4	5	6	7	8	9	10
地区单位家数占比	江苏	湖北	湖南	四川	广西	广东	陕西	辽宁	云南	山东
	8.17	8.04	7.06	6.81	5.43	5.09	4.46	4.41	4.07	3.92
地区单位家数累计占比	8.17	16.21	23.26	30.08	35.50	40.59	45.05	49.46	53.53	57.46
地区从业人数占比	江苏	湖北	吉林	甘肃	广东	广西	四川	江西	福建	陕西
	20.22	13.30	11.20	8.39	6.92	6.86	6.72	5.71	4.83	3.60
地区从业人数累计占比	20.22	33.52	44.71	53.10	60.02	66.88	73.61	79.32	84.14	87.75

从表2—3可见：

（1）按照单位家数和按照从业人数对地区的排名结果并不完全一致，经初步分析，原因可能在于各省市经济发达程度、人口总量及就业形势不同。

（2）水利管理业的地域分布高度不均，水利单位主要集中于两湖、两广、四川、江苏等南方地区，尤其单位家数最多的前四个地区（江苏、湖北、湖南、四川）均处在长江流域，这与我国降雨及水系分布的南北差异、东西差异情况是一致的，上述几个省市均为降雨量大、水系发达、流域宽广的南方地区。

（3）以从业人数计算的地区集中度高于以单位家数计算的地区集中度，原因在于水利单位集中的地区如江苏、湖北、两广等地区均处于江河下游或地处沿海，经济相对发达，各经济主体的水利需求相对较大，地方财政较为富足，足以投入更多人力财力以提供完备水利服务。

要科学把握，按照中央要求合理引导企业兼并重组，使企业专注于强而不主要是大。既要发挥船大抗风浪的优势，又要发挥船小号调头的特点。

第三章　水利发展的经验和不足

经过60年的发展，我国水利发展成绩显著，在不断的探索和实践过程中，我们积累了丰富的治水管水经验，同时也深刻的认识到水利事业仍然存在水资源供需矛盾、农田水利建设滞后、水利基础设施薄弱等方面不足。

一、水利发展的经验总结

水利发展经过了艰辛探索，积累了宝贵经验，认真总结这些经验并在实践中不断丰富发展，对于在新的历史起点上继续推进水利事业又好又快发展具有重要的意义。

（一）党和国家的高度重视是水利发展的根本保证

新中国成立之初，国家就把水利摆在了突出的位置来抓，集中力量兴修水利、防治水害，国家领导人提出“一定要把淮河修好”、“要把黄河的事情办好”、“一定要根治海河”的号召，掀起了大规模群众性治山治水热潮。改革开放后，随着经济社会的快速发展，水利功能不断拓展，水利地位和作用更加凸显，特别是20世纪90年代以来，国家把水资源同粮食、石油一并作为国家的重要战略资源，从支撑经济社会可持续发展的战略高度把水利放在更为突出的位置，水利投入逐年增加，水利建设进一步加快。1998年大水之后，国家制定了灾后重建、整治江湖、兴修水利的若干意见，在全国掀起水利建设的高潮。党的十六大以来，进一步制定了一系列促进水利发展的重大政策措施，特别是党的十七届三中全会上明确水利是现代农业的重要物质条件，把加快水利基础设施建设作为应对国际金融危机，实现保增长、保稳定、保民生的重要举措，赋予水利更加重要的使命。

（二）治水思路的不断完善是水利发展的基本前提

新中国成立以来，水利工作者始终没有停止对治水规律、治水思路的探索和实践，坚持服务发展，牢牢把握国情水情，从防治水患、恢复生产，到增产粮食、发展农田水利，从加强经营管理、讲究经济效益，到统筹协调、科学发展，在丰富的治水实践中，对治水规律的认识不断深化，治水思路不断丰富发展，有力地指导和推动了水利发展。特别是在世纪之交，按照科学发展观的要求，紧紧把握我国经济社会发展的新趋势，深入分析我国水资源条件的新变化，与时俱进地提出并逐步形成了可持续发展治水思路，进一步明确了七大流域水利发展定位、东中西部和东北老工业基地区域水利发展布局，把发展民生水利作为践行可持续发展治水思路的着力点和水利工作的重中之重，把实行最严格的水资源管理制度作为解决水资源问题的战略举措，推动水利工作各领域出现了一系列历史性的转变。实践证明，可持续发展治水思路是符合我国国情水情、富于创新的可持续发展治水之路，是有效解决我国各种水问题、保障经济社会可持续发展的必然选择。同时，只有立足我国基本国情和水情，牢牢把握水利发展的阶段性特征，既不满足现状、放慢步伐，也不脱离实际、急于求成，才能更加自觉地推进可持续发展治水思路的深入实践和丰富完善，不断提高领导水利科学发展的能力和水平。

（三）加大投入是水利发展的重要保障

新中国成立以来，党和国家始终将水利作为公益性的事业，不断推进水利投融资体制改革，提高水利的社会管理和公共服务能力。20 世纪 90 年代以来，水利的基础地位和公益性质不断强化，国务院颁布的《水利产业政策》明确了公益性为主的甲类项目和以经营性为主的乙类项目筹资的主要渠道，设立了水利建设基金对促进水利基础设施建设起到了重要作用。新中国成立以来，水利发展表明凡是水利的基础地位和公益性质得到确立和重视、水利投入得到充分保障的时期，也是水利事业发展较快、基础支撑能力显著增强的时期。反之，就会造成水利发展的停滞和倒退，进而影响经济社会发展全局。必须不断加大公共财政对水利的投入和扶持，建立以公共财政为主渠道的水利投融资体制，才能保障水利事业的良性发展。

（四）体制机制改革是水利发展的不竭动力

我国水利事业能够在实践中不断前行的根本原因，就是始终坚持在立足治水实践的基础上大胆探索，勇于创新，不断冲破各种思想禁锢，不断革新各种体制机制弊端。特别是改革开放以来，随着社会主义市场经济体制的逐步完善，水利领域各项改革全面推进，水利事业焕发出蓬勃生机和旺盛活力。水资源管理体制改革，确立了流域管理与行政区域管理相结合的水资源管理体制，为实现水资源统一管理提供了重要保障；通过水利投融资体制改革，水利投资已由改革开放前单一的财政预算内拨款，逐渐转变为财政拨款、基金、贷款、外资等多种形式，初步形成了多元化、多层次、多渠道的水利投资新格局；通过农田水利改革，农田水利工程的所有权、受益权、经营权得到落实，农田水利工程建设管理主体缺位的情况正在逐步好转，农民广泛参与的农田水利建设新机制正在逐步建立；通过水价改革，终端水价制、超定额累进加价、丰枯季节水价、“两部制水价”等制度推广实施，市场机制在资源配置中的作用得到有效发挥，有力促进了水资源的节约和保护。实践证明，改革创新是推动水利事业持续前进的活力源泉和推动力量。在新的形势下，应当继续毫不动摇地坚持改革创新，加快水利重点领域和关键环节改革攻坚，全面构建水利科学发展的体制机制，以改革的新突破、创新的新局面来实现水利的新跨越、新发展。

（五）人才队伍建设是水利发展的重要力量

新中国成立以来，各级水利部门在全力做好各项水利业务工作的同时，高度重视水利部门自身建设，切实加强水利系统党的建设、干部队伍建设、精神文明建设和党风廉政建设，水利行业面貌发生了历史性变化。实践证明，把抓好水利行业自身建设与推动各项水利业务工作紧密结合起来，牢固树立立党为公、执政为民的宗旨观念，造就一支求真务实、勇于创新、素质过硬、廉洁高效的水利干部队伍和人才队伍，才能切实肩负起推动水利科学发展的重任，实现水利事业的全面协调可持续发展。

二、水利发展存在的不足

随着工业化、城镇化深入发展，经济社会的发展和人民生活水平的提高对水资源和水环境提出了更高要求，全球气候变化的影响，水旱灾害频发，暴露出我国水利发展的不足和薄弱环节，制约了更好地发挥水利的作用。

（一）农田水利建设滞后

农田水利设施是保障粮食安全的基础。全国耕地中，有效灌溉面积仅占48%，尚有一半耕地“靠天吃饭”；于此同时，大量中低产田广泛地分布在全国各大粮食主产区内。我国的基层水利基础设施建设多数修建年代较长，一些偏远山区或农村的水利设施甚至修建于建国初期。同时由于一些地区水利资金很难到位，造成这些原本就已老化的基础设施得不到修理。据不完全统计，至2007年底，我国自留灌区固定渠系的完好率只有36%，渠系建筑物的完好率为51%；扬水灌区的设备完好率为35%，固定渠系的完好率为42%，渠系建筑物的完好率为47%；井灌区的机井完好率为59%，固定渠系的完好率为52%。农田水利建设滞后已成为影响农业稳定发展和国家粮食安全的最大硬伤，制约了粮食增产和农民增收，影响了农村经济发展和社会稳定。

（二）防洪减灾体系有待进一步完善

经过多年大规模的水利建设，各流域防洪减灾体系逐步完善，在防御洪水中发挥了重要作用。但与确保江河安全和改善民生的要求相比，我国防洪减灾体系仍存在一些突出问题和薄弱环节，有待进一步解决。

1. 大江大河防洪减灾体系建设不足

尽管主要大江大河防御的规划目标洪水已经几十年没有发生，但流域发生大洪水乃至特大洪水的几率却在不断增加。部分河流的河道泄洪能力低、下游分蓄洪水能力差、控制性水库建设薄弱无法抵御大型洪水。此外，我国广大平原地区排涝设施不足，排涝标准普遍偏低，洪灾损失依然十分严重。

2. 中小河流防洪能力薄弱

由于中小河流大部分分布在农村，缺乏系统有效的治理，防洪设施比较薄弱，一般年份中小河流洪涝灾害损失占全国70%以上，近10年洪灾造成的死亡人数有2/3以上发生在中小河流。因此，必须把中小河流治理作为民生水利的重要内容，加大投入，加快治理。

3. 蓄滞洪区安全建设严重滞后

蓄滞洪区是流域防洪体系的重要组成部分，是防御流域性大洪水的重要手段，也是目前流域防洪体系中最为薄弱的环节。长期以来，蓄滞洪区安全建设严重滞后，围堤达标长度仅为52%，现状区内仅有23%的人口有安全保障或临时安全措施，严重影响区内群众生存和发展，在发生流域性大洪水时，将增加决策和启用的难度，影响流域防洪能力的发挥。

4. 防洪减灾的非工程措施缺乏

非工程措施建设是提高防洪减灾能力的重要方面。目前，我国防洪减灾体系中往往偏重工程体系建设，而忽略非工程措施建设的重要性。主要表现在以下几个方面：防洪减灾责任制体系不健全、防洪减灾预案体系建设不足、水文监测能力较低、预报预警体系尚待完善、洪水风险管理工作水平低、防汛抗旱服务体系和应急能力缺乏。

（三）水资源配置能力整体偏低

水资源配置能力主要从两个角度考虑：一是水资源工程调蓄与供给能力；二是工程调度能力。经过多年的建设，我国城乡供水能力显著提高。至2008年，全国供水总量达5910亿立方米，全国水库总库容达6924亿立方米。但是我国水资源配置能力整体上仍然偏低，主要体现在以下三个方面：供水覆盖范围窄、水源保证率低和工程调控能力小。在我国西北和西南许多地区，工程性和资源性缺水十分严重，水资源配置覆盖范围有待进一步扩大。工程调控能力不足也导致了一系列问题，如近几年长江中下游干支流枯水季节水位偏低与长江干流缺乏控制性骨干工程密切相关。此外，我国的水资源配置能力与国际先进水平相差较大，人均供水能力仅为发达国家的40%左右，约为世界平均水平的2/3。

我国是一个资源性、工程性和水质性缺水并存的国家，提高水资源的配置能力对于解决我国水资源的时空分布不均、缓解经济社会发展的供水压力、提高水旱抗击灾害能力和改善生态环境具有十分重要意义。当前，积极开展南水北调工程，继续发挥引江济太、引江济津济淀等工程的作用，通过科学调度，优化生产、生活和生态用水需求，提高水资源配置能力，对于改善河湖连通状况，提高水资源和水环境承载力具有重要意义。

(四) 水利投融资体制尚不健全

我国特殊的自然地理条件和经济社会发展状况决定了水利发展的长期性、艰巨性，也决定了水利基础设施建设对投入的巨大需求。尽管我国把水利放在基础设施建设的重要位置，但与能源、交通、通信等其他基础设施相比，水利投入仍然明显不足，水利投入稳定增长机制尚未完全建立。同时我国的水利投融资体制在法制保障、投资重点、资金使用效率、管理方式等方面也存在不足之处。

1. 水利基础设施投资仍显不足

水利建设是国家基础设施建设的重要组成部分，自1998年大水后，我国水利投资大幅增加，中央和地方水利投入均保持在较高水平，然而与其他基础设施建设相比，我国水利投入仍然略显不足。目前，我国电力、交通、通信等基础设施得到明显改善，全国已基本实现村村通电、村村通公路、村村通电话，但2008年底，农村自来水普及率仅约为60%多，不少群众的饮水和防洪安全等基本水利需求还没有得到全面解决，全国一半以上的耕地缺少灌溉条件，水利基础设施薄弱仍然是经济社会发展的突出制约因素。水利投资的不足是水利基础设施建设薄弱的主要原因。

2. 水利投融资体系缺乏完善的法制保障

市场经济是法制经济，健康有效的水利投融资制度需要健全的法律法规体系作保障。我国水利投融资机制在各级政府和投资主体之间的投资分摊尚不明确，难以保障各方的权责利统一。对不同性质的水利项目，缺乏相关法律规定来明确项目法人主体和受益主体以及投资者所享有的权利和应尽的义务，难以保障水利工程建设和运行的顺利进行。

3. 投融资市场化程度低

我国的水利投资主要来源于政府。新中国成立初至1978年在计划经济体制下，我国实行的是“国家投资、农民投劳”的水利投资体制，水利投资完全自于公共财政支出。1979年至1992年，在一系列的水利投融资体制改革措施下，我国初步形成多渠道、多层次的水利投融资体制。但与发达国家相比，我国在水利资金筹措方面还存在着方式单一、渠道不畅等问题，民间资本在水利项目上的投入尚未受到足够重视。近年在水利工程建设中国际上常采用的 BOT 及其衍生的 BOO、BOOT、TOT 和 BLT 等多种投资方式。这些新型投融资方式即可减少政府对基础设施建设的财政和债务负担，又可因私营公司追求效益最大化而最大限度地提高项目运行效率，同时还可引进先进的管理经验和全新高效的建设模式。我国应当借鉴这些新型投融资模式，发展出一套完善的符合我国国情水情的水利投融资体制。

第四章　水利发展的前景预测

2011年中央一号文件《中共中央、国务院关于加快水利改革发展的决定》的颁布，吹响了全面加快水利发展的号角。一号文件对新形势下水利的战略地位进行了准确定位，明确提出水利改革发展的指导思想、目标任务和基本原则，并提出了加快水利改革发展的措施，为下一阶段水利改革发展确定了发展方向和建设任务。

面临新的发展机遇与工作挑战，新时期水利工作将会以农田水利等薄弱环节建设、水利基础设施建设、建立水利投入机制、实施最严格的水资源管理制度、创新水利发展体制机制等方面作为重点，突出民生水利建设特点，更加注重提高水利发展的连续性、均衡性、协调性和可持续性，为保障经济平稳较快发展作出新的贡献。

一、农村水利等薄弱环节建设今后将作为重点建设内容

（一）通过大兴农田水利建设，“十二五”期间新增农田有效灌溉面积4000万亩

依据《全国大型灌区续建配套与节水改造规划》、《全国新增千亿斤粮食生产能力规划》、《全国大型灌区续建配套与节水改造规划》、《全国中型灌区节水配套改造“十二五”规划》等规划，“十二五”期间，重点围绕新增千亿斤粮食生产能力，加快大中型灌区节水改造和大型排灌泵站更新改造，加强田间工程、末级渠系、涵闸、泵站等设施建设，完善农田灌排体系，解决好灌溉“最后一公里”问题。实施新的农机具购置补贴政策，鼓励农民积极购买使用节水产品，大力推广节水灌溉技术，努力扩大有效灌溉面积。

（二）农村饮用水安全工程建设继续推进，基本解决新增农村饮水不安全人口的饮水问题

继续加快农村饮水安全工程建设，强化水源地安全建设和水质监测。同时，对于部分发达地区已提前按原有标准解决农村饮水安全问题的情况，适时启动农村饮水安全的巩固和提升工程，基本解决新增饮水不安全问题，进一步提升供水保证率、水质标准、便捷程度等，在更高水平上解决群众的饮水问题。

（三）重点扶持小型农田水利建设

把小型农田水利重点县建设作为强基础、惠民众、管长远的民生工程重点推进，进一步增加中央和省级小型农田水利工程建设专项补助资金，扩大小型农田水利重点县建设规模，加强大中型灌区末级渠系配套，因地制宜建设一批小微型水源工程和雨水集蓄利用工程，抢救恢复山区小型农田水利设施，通过资金整合、集中投入、整体推进战略，迅速提升小型农田水利建设水平和管护水平。

（四）“十二五”期间新增农村水电装机容量2500万千瓦左右

截至目前，农村水电装机容量在建规模约为2000万千瓦，其中有一部分将在“十二五”期间投产。根据《2009～2015年全国小水电代燃料工程规划》，“十二五”期间将新增代燃料电站装机170万千瓦，解决170万户、677万农村居民生活燃料问题。同时，考虑在编的有关农村水电“十二五”规划的实施，在“十二五”期间，全国可以新增农村水电装机容量2500万千瓦左右。在今后5年，农村水电将以中西部地区为重点，积极推动农村水电增效减排改造和农村水电配套电网改造工程，对现有老化失修、效益衰减的农村水电站进行更新改造，恢复原有装机和发电能力。

二、水利基础设施建设将全面加快

从水利建设的发展趋势和国民经济发展对水利事业的要求看，水利基础设施建设将继续保持着大规模、高强度的强劲态势，民生水利工程建设特色更加鲜明，建

设管理任务更加繁重。

(一) 继续实施大江大河治理

“十一五”期间，大江大河治理工程按照规划所制定的目标顺利进行，治淮19项重点工程基本竣工验收。针对我国目前洪涝灾害频繁和气候异常的情况，按照流域防洪规划的要求，在今后一段时间内，还要继续实施大江大河治理建设，提高防洪标准，加快改造不达标提防，增加一、二堤防长度，保障人民生活安全。

(二) 水资源配置工程建设进一步加强，“十二五”期间将新增供水能力约300亿立方米

“十一五”期间，由于南水北调中、东线工程一期工程全线通水的时间推迟到2013年，“十一五”规划中新增供水能力300亿立方米的目标将只能实现80%左右。“十二五”期间，南水北调中、东线工程一期工程将全线通水，仅此就将新增供水能力134亿立方米。同时，部分已经在建和列入规划的部分大中型水库将在“十二五”期间发挥效益，因此，“十二五”期间新增供水能力从理论上推断不应低于“十一五”规划目标。

此外，“十二五”期间我国将大力推进污水处理回用，积极开展海水淡化和综合利用，高度重视雨水、微咸水利用，减少了地表水和地下水的开采，从另外一个方面也增加了供水能力。

(三) 搞好水土保持和水生态保护，“十二五”期间新增水土流失综合治理面积不应低于20万平方公里

“十一五”期间，我国新增水土流失治理面积接近20万平方公里，与“十一五”水利规划目标要求的25万平方公里相比还有差距。“十二五”期间，国家将进一步加大水土保持和水生态保护建设投入，实施国家水土保持重点工程，继续采取小流域综合治理、生态修复等多种治理措施和加强监督管理、建立补偿制度等多重保障机制。因此，依据目前相关的规划预计“十二五”期间新增水土流失综合治理面积不应低于“十一五”目标，但是由于自然原因等造成的新增水土面积不可预

测，保守估计“十二五”期间新增水土流失治理面积不应低于20万平方公里。

三、水利建设投资稳定增长，投资结构多元化

当前，我国经济社会发展正处于企稳回升的关键时期，经济回升的基础尚需进一步巩固，扩内需、调结构任务仍然十分艰巨。中央农村工作会议将突出抓好水利基础设施建设作为夯实农业农村基础、统筹城乡经济社会发展的重要内容。这要求水利工作必须抓住中央继续实施扩大内需政策措施的良好机遇，继续加快扩大内需水利建设，集中力量建成一批控制性骨干工程，着力提高水利基础设施的保障能力。同时，针对我国水旱灾害突出和防洪、供水、灌溉等水利保障能力不高的问题，结合“十二五”水利发展规划制定工作，研究继续加快水利建设的重点领域和投资来源渠道，尤其是在大中型病险水库除险加固等重点任务即将全面完成的情况下，及时提出一批符合国家投资方向和政策的接续项目，保持稳定的水利投资强度。

（一）水利投资稳定增长，今后10年年均投入4000亿元左右

我国水利投资在进入21世纪以后有了质的增长，其中“十五”累积完成投资超过了1950－2000年完成投资之和。“十一五”水利规划提出水利建设总投资规模为5152亿元，目前已经超额完成。按照中央一号文件的要求，力争今后10年全社会水利年平均投入比2010年高出一倍，即今后10年年均投入4000亿元左右。

（二）稳定的、多渠道的融资体制不断建立健全，投资体制多元化

随着对水利基础性、公益性、战略性认识的不断提高，水利基础设施效益的发挥，国家明确将水利作为公共财政投入的重点领域，要求各级政府对水利投入的总量和增幅要有明显提高，并且提出从土地出让收益中提取10%用于农田水利建设等实质性举措，保证水利投入形成稳定的投资渠道。

我国水利投融资体制经过几次重大改革，不断积极探索尝试适合我国发展特色的投融资体制，合理的引入市场机制，扩大水利投资主体。今后将通过引导金融机构增加水利信贷资金，广泛吸引社会资金投资水利等措施，进一步健全多渠道投融

资体制，形成合理的投资结构。

四、水利行业能力不断提升

随着今后水利投入的大幅度增加，水利投融资市场的逐步完善，以及对从事水利方面企业的正确引导，全国将会形成一批具有设计、勘测、施工、评估等全过程项目建设的大型上市企业。同时，一些具有自身特色的中小型企业也将得到快速发展，主要为水利项目建设提供基础设备和技术服务。按照统筹东中西地区之间水利协调发展的原则，未来一个时期，部分水利建设重点向中西部地区转移，将会积极带动中西部地区的经济发展，有利于改变当地的就业环境，改善中西部地区基层水利人才队伍缺乏、综合素质欠缺的局面。

五、最严格的水资源管理制度更加深入

目前，我国水资源开发利用方式比较粗放，用水效率相对较低，水体污染严重，水资源过度开发和无序开发问题突出，不少地方河流开发已经远远超出水资源承载能力，引发一系列生态和环境问题，严峻的水资源形势已成为加快经济发展方式转变的主要制约因素和实现全面建设小康社会战略目标的突出瓶颈。为适应新的形势要求，必须实行最严格的水资源管理制度，引导经济社会发展与水资源和水环境承载能力相协调，为加快经济发展方式转变创造条件和奠定基础。具体来说，就是要围绕水资源的配置、节约和保护，建立水资源开发利用红线，严格实行用水总量控制；建立用水效率控制红线，坚决遏制用水浪费；建立水功能区限制纳污红线，严格控制入河排污总量。

实行最严格的水资源管理制度，是应对严峻水资源形势的必然要求，也是推动经济发展方式转变的重要手段。将最严格的水资源管理制度落到实处，关键是要以控制性指标、刚性的制度、明确的责任、严格的执法等手段，对各类水资源过度、无序开发和不合理利用的行为活动形成高压态势，将水资源水环境压力转化为转变经济发展方式的内在驱动力，实现水资源可持续利用与经济社会又好又快发展的双赢。

（一）划定控制性指标

划定控制性指标是实施最严格水资源管理制度的基础依据。控制指标体系包括

覆盖流域和各级行政区域的取水许可总量控制指标体系，各行业的最低用水效率指标，入河污染物排放总量控制指标，重点水域岸线的控制利用分区，主要江河、湖泊的最小生态用水标准等指标。这些指标确定应充分考虑需要和可行，真正体现“最严格”的要求。

（二）建立刚性的管理制度

建立刚性的管理制度是实施最严格水资源管理制度的核心环节。抓紧开展节约用水管理、地下水资源管理、水资源保护和水资源论证管理等方面的立法工作，把“最严格”的要求体现在相关制度设计中，如超过取水总量控制指标的，一律不再审批新增取水，用水产品和工艺不符合节水要求的，限制生产取用水，不符合水资源规划和岸线利用规划的，禁止开发建设等，特别是要建立更加强有力的处罚和制裁机制，进一步提高水事活动的违法违规成本。

（三）水行政执法力度进一步加大

加大水行政执法力度是实施最严格水资源管理制度的根本保障。落实水资源管理责任制，严格实施取水许可和水资源论证制度，加强入河排污口监测和重要水功能区监督管理，严格执行水工程规划同意书和涉河建设项目审查审批，采取执法检查、开展专项执法行动和重大水事违法案件挂牌督办等措施，严厉查处违法取用水、破坏水资源等行为，做到有法必依、执法必严和违法必究。

（四）形成水资源管理技术标准体系

进一步完善水资源管理技术标准体系。加快取用水户取水、入河排污口的计量监控设施建设，建立与用水总量控制、水功能区管理和水源地保护相适应的监控体系，推动各级水资源管理系统和水资源实时监控与管理系统建设，为实施最严格的水资源管理制度提供基础保障。

六、水利体制机制创新进一步推进

目前制约水利发展的体制性机制性障碍依然存在，水资源管理体制、水利投融资机制、水价形成机制、水资源开发和生态补偿机制等方面的问题较为突出，基层水管体制改革遇到许多困难、进展很不平衡，农田水利建设新机制亟待进一步加以落实。而且随着经济社会发展和水利实践的深入，水利改革将越来越触及深层次的矛盾和问题，改革攻坚的难度将会越来越大。当前要紧紧抓住国家宏观政策调整和体制机制改革的重要机遇，加大重点领域和关键环节改革攻坚力度，着力破解水利发展中的体制机制性障碍。

（一）完善水资源管理体制，推进城乡水务一体化

构建流域管理与行政区域管理相结合的水资源统一管理体制，进一步推进城乡水务一体化。充分利用近年来水务一体化管理体制优势逐步显现，吸引力不断提高的有利形势，推进城乡水务一体化管理进程。已经实现一体化的地方要进一步完善管理体制与运行机制，加大城市污水处理回用指导力度，着力推进城乡供水一体化，强化水务市场政府监管，深入研究外资进入水务市场等新情况新问题，不断提高水务管理水平。

（二）建立健全基层水利服务体系

随着水管体制改革任务基本完成，基层水利站（所）越来越成为水利事业最薄弱的环节。结合深化水管体制改革，逐步落实基层水利站（所）人员和运行经费。学习借鉴林业站的经验，争取在中央或者国务院出台的有关文件中明确乡镇水利站的职能和地位。尽快明确乡镇水利站的业务主管部门，制定出台水利站改革的指导意见，编制实施全国性乡镇水利站发展规划，开展乡镇水利站示范县、重点县建设，逐步建立以基层水利站（所）为核心、其他社会力量为补充，公益性服务和经营性服务相结合、专项服务和综合服务相协调的基层水利服务体系。

（三）积极推进水价改革

继续推行阶梯式水价、超定额累进加价等水价机制，促进水资源节约和保护。大力推行农业终端水价机制，逐步建立“计量合理、规范有序”的农业水费计收体制。加强水价成本核算和公开，接受公众监督。

第五章 水利发展的保障措施

从对水利发展前景的预测结果中可以看出，未来一段时期，水利建设任务重、投资强度大、管理要求高，为切实保障水利事业的又好又快发展，需要在组织管理、制度完善、资金落实、队伍建设、监督管理等方面采取相应保障措施。

一、加强组织领导，落实目标责任

各级政府和管理部门要站在全局和战略高度，提高认识，深刻理解加快水利发展对保障我国经济社会又好又快发展的重大意义，进一步加强组织领导，切实把水利工作摆在更加突出的位置；各有关部门和单位要按照职能分工，结合各地实际，认真落实加快水利改革发展的各项措施，尽快制定完善各项配套措施和办法，形成推动水利改革发展合力；各级水行政主管部门，要明确今后水利发展的方向，及时研究解决水利发展中存在的突出问题，科学编制规划，合理确定发展目标，逐级落实目标责任，实行严格的问责制，切实执行防汛抗旱、饮水安全保障、水资源管理、水库安全管理行政首长负责制，推动水利工作顺利开展，确保取得实效。进一步深化水利统计改革，将水利行业作为一个独立部门纳入国民经济统计核算之中。

二、强化制度建设，坚持依法管水

坚持依法治水管水，进一步完善水法规体系，不断提高水利社会管理和公共服务水平，有效规范水事行为和活动，保障水利事业健康、有序、持续发展。抓紧完善水资源配置、节约保护、防汛抗旱、农村水利、水土保持、流域管理等领域的法律法规；全面推进水利综合执法，严格执行水资源论证、取水许可、水工程建设规划同意书、洪水影响评价、水土保持方案等制度；加强河湖管理，严禁建设项目非法侵占河湖水域。加强国家防汛抗旱督察工作制度化建设。健全预防为主、预防与调处相结合的水事纠纷调处机制，完善应急预案；深化水行政许可审批制度改革。

不断完善水利规划体系，科学编制规划，完善全国、流域、区域水利规划体系，加快重点建设项目前期工作，着力加强水利规划管理，强化水利规划对涉水活动的管理和约束作用。不断推进水利体制机制创新，加快水资源管理体制改革，深化水利工程管理体制改革，推进城乡涉水行政事务一体化管理，积极推进水价改革等，把改革和创新水利发展体制机制作为水利可持续发展的根本保障。

三、完善水利投入机制，落实资金保障

逐步建立并完善水利投入稳定增长机制，为水利发展提供资金保障。坚持政府主导，发挥公共财政对水利发展的保障作用，将水利作为公共财政投入的重点领域，大幅度增加水利投入，通过财政、金融、税收、价格等政策，鼓励地方政府融资平台和银行业金融机构努力拓宽水利投融资渠道，积极引导社会资本参与水利建设。不断优化水利投资结构，中央水利投资重点向加强水利突出的薄弱环节建设、改善人民群众生产生活条件、事关流域和区域全局的重要水利工程倾斜，向中西部地区特别是革命老区、民族地区、边疆地区、贫困地区倾斜。各级政府及有关部门要切实加强水利投资项目和资金监督管理，健全财务管理制度，加强审计稽察，确保资金安全，提高投资效益。

四、加强队伍建设，提高技术支撑

加强水利队伍建设，适应水利改革发展新要求，全面提升水利系统干部职工队伍素质，切实增强水利勘测设计、建设管理和依法行政能力。加大水利人才培养力度，支持大专院校、中等职业学校水利类专业建设，大力引进、培养、选拔各类管理人才、专业技术人才、高技能人才，完善人才评价、流动、激励机制。提高基层水利发展能力，加大基层水利职工在职教育和继续培训力度，抓紧健全基层水利服务机构。完善相关技术标准，规范水利项目建设和运营。强化基础条件平台建设，组织技术攻关，解决水利基础设施建设和运行管理中的技术障碍，加速科研成果转化和产业化，不断提高水利科技含量和技术装备水平。健全水利科技创新体系，构建具有世界先进水平的科学研究与技术开发体系，建设高质量的科技推广体系，建立高效率的科技管理体系。

五、健全监管机制，确保建设任务

切实履行好质量与安全监管职责，着力健全质量监督管理体系，健全制度，完善措施，加强安全监管。建立健全水利基础设施建设的监管机制，加大设施建设的监管力度。对设施建设项目的策划、资金筹措、建设实施、运行效果实行全过程监管，加强资金监管力度，抓住资金监控重点，提高项目的投资效率，清晰界定项目法人和建设责任单位的职责分工，切实落实质量终身负责制，确保设施建设质量，提高建设工程资金、质量、安全和工期监理效果。建立健全水利基础设施项目的后评估机制，加强项目的投资管理评估、财务管理评估、规划设计工作评估、进度评估和工程管理评估等，确保每年对项目建设效果进行全面后评估，安排组织相关单位做好对项目建设情况的自查评估工作，建立畅通快捷的信息反馈机制，提高项目的监管水平，确保项目建设进度、质量和效益。